RHONDA BYRNE

WIE
The Secret
MEIN LEBEN
VERÄNDERTE

WIE
The Secret
MEIN LEBEN
VERÄNDERTE

Echte Menschen. Wahre Geschichten.

Rhonda Byrne

arkana

Die amerikanische Originalausgabe erschien 2016 unter dem Titel
»How The Secret Changed My Life. Real People. Real Stories.«
bei Atria Books, einem Imprint von Simon & Schuster Inc.,
1230 Avenue of the Americas, New York, NY 10020, USA.

Der Verlag weist ausdrücklich darauf hin, dass im Text enthaltene externe
Links nur bis zum Zeitpunkt der Buchveröffentlichung
geprüft werden konnten. Auf spätere Veränderungen hat der Verlag
keinerlei Einfluss. Eine Haftung ist daher ausgeschlossen.

Verlagsgruppe Random House FSC® N001967

1. Auflage
Deutsche Erstausgabe
© 2017 der deutschsprachigen Ausgabe Arkana, München
in der Verlagsgruppe Random House GmbH,
Neumarkter Straße 28, 81673 München
© 2016 der Originalausgabe Making Good LLC. THE SECRET Wortmarke
und Logo sind Trademarks von Creste LLC
Übersetzung aus dem Englischen: Jochen Lehner
Lektorat: Felicitas Holdau
Umschlaggestaltung: Uno Werbeagentur, München,
auf Grundlage des Originalcovers von Nic George für Making Good LLC
und Albert Tan, Art Director von Atria Books
Buchdesign: Nic George für Making Good LLC
Innenlayout: Suet Y. Chong
Satz: Uhl + Massopust, Aalen
Druck und Bindung: CPI books GmbH, Leck
Printed in Germany
ISBN 978-3-442-34218-1

www.arkana-verlag.de

Der einzigartigen Person gewidmet,
die Sie sind

Inhalt

Vorwort

Seit dem Erscheinen von *The Secret – Das Geheimnis*
haben uns Zehntausende Menschen aus aller Welt ange-
schrieben, um zu erzählen, wie sie nach den darin vorge-
stellten Prinzipien all das angezogen haben, was sie sich
wünschten: Gesundheit, Wohlstand, den idealen Partner,
den perfekten Beruf, die Wiederbelebung ihrer Ehe, das
Auffinden verlorener Dinge, sogar Glück statt Depression.
Diese Menschen haben die in *The Secret* beschriebenen
Methoden angewandt und ihr Leben verwandelt – von
dem, was es war, in etwas Außergewöhnliches. Ihnen
gelang, was die Leute normalerweise als unmöglich bezeich-
nen. Nur wussten diese Menschen, dass *nichts* unmöglich
ist.

Dieses Buch stellt einige der wunderbarsten, anspornends-
ten und inspirierendsten lebensechten *Secret*-Geschichten
vor, die uns in den letzten zehn Jahren zugetragen wurden;

sie werden Sie auf eine unvergessliche Reise entführen, die die Grenzen des Vorstellbaren sprengt. Die Geschichten lassen keinen Zweifel daran, dass Sie mit *The Secret* alles erschaffen können, was Sie sich wünschen, wer und wo Sie auch sein mögen.

Neben solchen Berichten finden Sie in diesem Buch auch immer wieder meine Kommentare sowie Worte der Weisheit aus *The Secret – Das Praxisbuch für jeden Tag*. Sollten Sie noch nicht mit diesen Prinzipien vertraut sein, werden Sie hier umfassend über ihre Anwendung informiert. Und wenn Sie *The Secret* bereits kennen, werden Sie an die einfachen Dinge erinnert, die Sie für ein wunderbares Leben tun können, das Ihnen alles bietet, was Sie sich wünschen.

Ich selbst habe mir im Laufe der Jahre alle Wünsche auf meiner anscheinend endlosen Liste erfüllen können, aber das größte Geschenk, das ich persönlich dem Geheimnis verdanke, besteht in den Berichten anderer über die Wunder, die sich in ihrem Leben ereignet haben. Materielle Dinge können sehr erfreulich sein, und nichts spricht dagegen, alles zu bekommen, was Sie möchten, aber wenn man anderen zu einem besseren Leben verhelfen kann, bringt das ein Glück mit sich, das einen nie wieder verlässt. Und das ist es ja letztlich, was wir uns wünschen: glücklich zu sein.

Ich möchte, dass Sie wissen, wie leicht es ist, Ihr Leben zu ändern, und dass Sie sich nicht abplagen müssen, um es in die erwünschte Form zu zwingen. Es gibt nur einen einzigen Weg zu einem anderen Leben: Ändern Sie Ihr Bewusstsein, dann ändert sich auch Ihr Leben.

Rhonda Byrne

Es gibt zwei Arten von Menschen.
Die einen sagen: »Ich glaube
es erst, wenn ich es sehe.«
Die anderen sagen: »Um es zu
sehen, muss ich es glauben.«

The Secret – Das Praxisbuch für jeden Tag

Wünschen, glauben, bekommen – Der schöpferische Prozess

Das große Geheimnis des Lebens ist das Gesetz der Anziehung: Gleiches zieht Gleiches an. Das bedeutet für Sie, dass Sie Erfahrungen und Umstände, die Ihren Gedanken und inneren Bildern *gleich* sind oder entsprechen, sozusagen magnetisch in Ihr Leben ziehen. Was Sie ständig denken, das ziehen Sie auch an.

Wenn Sie an etwas denken, was Sie sich wünschen, und bei diesen Gedanken bleiben, wird es in Ihr Leben kommen. Dieses machtvolle Gesetz sorgt dafür, dass Ihre Gedanken zu den Dingen in Ihrem Leben werden. Ihre jetzigen Gedanken erschaffen Ihr zukünftiges Leben, und wenn Sie jetzt zu anderen Gedanken übergehen, können Sie Ihr Leben verändern.

Sobald Sie *The Secret* verstanden haben, können Sie mit dem schöpferischen Prozess alles anziehen, was Sie sich wünschen, und Ihr Traumleben führen. Der schöpferische Prozess besteht aus drei einfachen Schritten: wünschen, glauben, bekommen.

Am Anfang steht der Wunsch

WÜNSCHE, UND ES WIRD GESCHEHEN

Ich habe *The Secret* vor Jahren kennengelernt, aber bis vor Kurzem nie richtig verstanden oder seine ganze Kraft erfasst.

Vor ein paar Wochen trat ich nun eine neue Stelle an. Beim Mitarbeitertraining wurden uns die ersten zwanzig Minuten des Videos gezeigt. Meine Freundin und ich haben uns am Abend zu Hause noch einmal den vollständigen Film angesehen, ganz aufgeschlossen und bereit, und wir waren beide zu Tränen gerührt.

Ich habe dann sofort angefangen, das Geheimnis anzuwenden.

Seit Langem hatten meine Freundin und ich von einer Segel-
kreuzfahrt geträumt; aber die Gespräche drehten sich meist
darum, dass wir uns so etwas nicht leisten konnten.

Nach dem Film *The Secret* suchten wir uns am Computer
genau die Reise aus, die wir wollten. Ich druckte die ganze
Route mit allen Stationen aus, und wir klebten sie an den
Kühlschrank. Außerdem installierte ich ein Foto des Schiffs
als Bildschirmhintergrund auf meinem Smartphone, Tablet
und Computer. Wir fingen an zu visualisieren: wir auf diesem
Trip und beim Relaxen an Deck.

Seitdem sind zwei erstaunliche Dinge passiert.

Drei Wochen am Stück waren meine Verkaufszahlen die
besten in der ganzen Firma, ich bekam einen Dienstwagen
und ein Spesenkonto mit Kreditkarte. Dann gab es auch
noch einen Bonus, mit dem ich jetzt meine Schulden
schneller abbezahlen kann.

Die zweite Sache ist noch unglaublicher. Wir bekamen
einen Anruf von meinen Eltern, die sagten, sie wollten zur
Erneuerung ihres Eheversprechens und zur Feier ihrer
goldenen Hochzeit eine Kreuzfahrt machen – und wir sollten
mitkommen!

Ach ja, und sie hatten genau das Schiff gebucht, dessen Reiseroute ich ausgedruckt und dessen Foto ich auf meinem Computer, Smartphone und Tablet hatte.

Es tun sich verblüffende Dinge, und da kommt sicher noch mehr. Es ist ein ganz neues Leben, und ich blicke nur noch nach vorn.

Jeff J., Dayton, Ohio, USA

Jeff hatte den entscheidenden ersten Schritt des Schöpfungsprozesses verstanden. Er wusste genau, was er wollte. Sie wählen selbst, was Sie möchten, aber Sie müssen sehr klar wissen, um was es sich handelt. Der erste Schritt, wünschen, besteht einfach darin, genau festzulegen, was Sie möchten. Wenn Sie in sich selbst ganz klar sind, haben Sie diesen Schritt getan.

Es darf auch etwas ganz Bestimmtes sein

Das Gesetz der Anziehung spricht auf jeden Gedanken an, den Sie innerlich konsequent präsent haben. Selbst wenn es sich um etwas ganz Ausgefallenes handelt, können Sie sich darauf verlassen, dass Sie genau das bekommen werden.

MIT STEVIE WONDER SINGEN

Hallo zusammen, ich heiße John Pereira, und jetzt will ich erzählen, was *The Secret* für mich gebracht hat. Es war eine Zeit, in der es nicht so gut lief, ich war deprimiert und verärgert, hauptsächlich wegen eines Geschäftspartners, mit dem meine Schwester und ich zusammenarbeiteten. Meine Schwester hatte mir schon eine Weile in den Ohren gelegen, ich solle mir unbedingt *The Secret* ansehen, und dann mussten wir einmal am Nachmittag alles stehen und liegen lassen und uns vor den Bildschirm setzen. An dem Tag habe ich beschlossen, die Sache praktisch zu erproben.

Zwei Tage später war ich im Fitnessstudio und blätterte in der Zeitung, als mir die Ankündigung eines Konzerts von

Stevie Wonder ins Auge fiel – am 22. Oktober, meinem Geburtstag! Ich sagte zu meiner Schwester: »So, da ist es. Ich werde ihn nicht nur kennenlernen, sondern mit ihm singen!«

Ich erzählte allen, dass ich George Benson kenne und mit Jamiroquai auf einer Party war, und jetzt würde ich mit dem auftreten, der sie alle in die Tasche steckt, Stevie. Sie hielten mich für ein bisschen durchgedreht. Am nächsten Tag war ich bei meinem Bruder zu Besuch. Wir saßen vor dem Fernseher, und als ich zwischendurch aufstand, um Kaffee zu machen, ließ ich ihn die Sendung so lange anhalten. Als ich zurückkam, fiel mein Blick auf den eingefrorenen Bildschirm, und da stand: »Sichere dir die Chance, mit Stevie Wonder live auf der Bühne zu singen.« Ich konnte es kaum fassen.

Ich bin sofort nach Hause gegangen, um mitzuspielen. Man sollte mit zwanzig Worten sagen, weshalb man mit Stevie singen wollte, und mir flogen die Worte nur so zu. Als ich den Text abgeschickt hatte, fragte ich meine Freundin, ob ich es nicht besser wiederholen solle. In dem Moment stürzte der Computer ab und ließ sich auch nicht wieder in Gang bringen. »Lass nur«, sagte ich zu ihr, »ich krieg das sowieso hin, da ist kein zweiter Versuch nötig.«

Eine Woche verging, dann saß ich einmal am Abend mit ein paar Freunden in der Kneipe. Einen von ihnen fragte ich: »Weißt du schon, dass ich mit Stevie Wonder auftreten werde?« Noch einer, der mich ansah, als hätte ich nicht mehr alle Tassen im Schrank.

Am nächsten Tag nach der Arbeit sagte ich zu Hause zu meiner Schwester: »Wie das wohl wird, wenn ich mit ihm singe?« Sie meinte: »Sei einfach da, es wird im Nu vorbei sein, koste es aus.« Dann wollte ich mich ein bisschen hinlegen, als mein Telefon klingelte. Ich ging ran, und der Typ am anderen Ende fragte: »Ist da John Pereira? Haben Sie an einem Gewinnspiel teilgenommen?« Ich bejahte beides. »Na, dann herzlichen Glückwunsch, Sie haben gewonnen.«

Ich schrie vor Freude, ich warf meine Freundin in die Luft. Ich rief meine Eltern und überschlug mich fast vor Begeisterung, ich rief meine Schwester und konnte mich gar nicht mehr einkriegen. Als ich den Freund anrief, mit dem ich am Abend darüber gesprochen hatte, sagte er nur: »Na klar, was denn sonst?« Er konnte es immer noch nicht glauben.

So, und wenn es sonst noch jemand nicht glaubt: *Glaub* es! Ich stehe als lebendiger Beweis zur Verfügung. Wer will,

kann mir auf YouTube bei meinem Auftritt zusehen:
http://www.youtube.com/watch?v=IMftLNs_G6M.

John P., Sydney, Australien

Hier noch ein verblüffendes Beispiel von jemandem, der
mit *The Secret* einen sehr speziellen Wunsch verwirklichte.

ES IST EIN WUNDER

Ich erfuhr durch die »Oprah Winfrey Show« von *The Secret*.
Ich habe alles im Buch und dann auch im Film Wort für Wort
geglaubt. Dann bekam ich einmal eine E-Mail von der
Website *The Secret* mit einem Download-Link für ein
Scheckformular der »Bank des Universums«. Ich druckte mir
den Scheck aus und trug einfach zum Spaß den Betrag von
hunderttausend Ringgit ein (malaysische Währung; die
Summe entspricht knapp 22 500 Euro). Den ausgefüllten
Scheck hängte ich mir an meine »Visionstafel«, eine kleine
Pinnwand neben meinem Frisiertisch.

Dann nahm ich einen Ein-Ringgit-Schein und fügte mit einem
Textmarker Nullen hinzu. Eigentlich wollte ich hunderttausend

schreiben, aber der Platz reichte nur für drei Nullen, also tausend Ringgit. Trotzdem wollte ich den Schein gern behalten und hängte ihn zu dem Scheck an meine Visionstafel.

Ich warf jeden Tag einen Blick darauf und sagte mir, dass es wahr werden würde. Ich war mir nicht sicher, ob ich richtig visualisierte, aber ich tat es einfach immer wieder mal. Und um ehrlich zu sein, mit der Zeit geriet das Ganze ein bisschen in Vergessenheit.

Anfang Oktober war es wieder mal Zeit, meine Kreditkarte auszugleichen, und am Schalter fiel mein Blick auf einen Flyer für ein Gewinnspiel, das sich »SMS-Traumfänger-Gewinnspiel« nannte. Als Hauptpreis waren hunderttausend Ringgit von der Kreditkartengesellschaft ausgeschrieben. Das Spiel lief seit dem 5. Juli und sollte am 15. Oktober enden – und ich erfuhr erst jetzt davon. Ich sagte mir: »Da habe ich ja noch zwei Wochen Zeit, lieber spät als nie« – und spielte mit.

Am Monatsende wurde ich von der Kreditkartengesellschaft angerufen und erfuhr, dass ich den zweiten Preis gewonnen hatte, tausend Ringgit. Ich war begeistert, das Spielglück war mir noch nie so richtig hold gewesen. Ich erzählte meinem Mann davon, und wir freuten uns sehr.

Zwei Monate später rief mich die Kreditkartengesellschaft erneut an, und diesmal hieß es, ich sei eine von elf Endrundenteilnehmern für den Hauptgewinn von hunderttausend Ringgit. Der Gewinner werde in der Folgewoche ermittelt.

Am Abend saß ich am Frisiertisch, als mein Blick wieder mal auf meine Visionstafel fiel. Da hing der Scheck über hunderttausend Ringgit, den ich vor drei Monaten ausgefüllt hatte. Dann bemerkte ich den Ein-Ringgit-Schein, auf dem ich nur drei Nullen hatte unterbringen können, und mein Herz fing an, wie wild zu schlagen.

Ich ging mit dem Schein und dem Scheck ins Wohnzimmer und zeigte sie meinem Mann. Ich sagte: »Schatz, ich glaube, ich weiß jetzt, weshalb ich die tausend Ringgit gewonnen habe. Es ist der Schein hier. Ich habe den Betrag versehentlich bestellt, und Gott hat ihn mir trotzdem zukommen lassen. *The Secret* funktioniert!«

Ich weinte vor Glück, und die leise Stimme in mir sagte immer wieder, ich würde auch den Hauptpreis gewinnen, Gott (das Universum) habe alle Ereignisse, Leute und Umstände so arrangiert, dass die hunderttausend Ringgit zu mir kommen würden.

Ich las in *The Secret* das Kapitel über Geld noch einmal durch und sah mir auch das Video an. Immer wenn mich Zweifel befielen, wechselte ich sofort zu meiner Visualisation: die Bühne und darauf ich, lächelnd, mit dem großen symbolischen Hunderttausend-Ringgit-Scheck.

Als wir am Tag des großen Finales aus dem Haus gingen, sagte mein Mann: »Nimm deinen selbst ausgestellten Scheck mit. Den echten holst du dir heute.« Das tat ich.

Bevor wir den Raum der Endausspielung betraten, blickte ich noch einmal auf meinen Scheck, visualisierte mich als Gewinnerin und versuchte, alle Zweifel abzuschütteln. Jetzt erst fiel mir auf, dass die Zahlungsanweisung einen Zusatz hatte: »Fühl dich gut.« Sofort schnappte ich mir das Smartphone meines Mannes und öffnete das Album mit den Fotos meiner niedlichen zweijährigen Tochter. Dieses süße Lächeln löste eine Woge von Glück in mir aus, und ich wusste einfach, dass alles genau richtig lief. Während das Event seinen Lauf nahm, dachte ich an das Lächeln meiner Tochter und sah mich als Gewinnerin.

Und *ja, es hat geklappt!*

Ich habe den Hauptpreis von hunderttausend Ringgit gewonnen. Als mein Name bekanntgegeben wurde, war es für mich wie ein Déjà-vu, so oft hatte ich die Bilder schon in mir ablaufen sehen.

Der Leiter der Ausspielung überreichte mir den großen Symbolscheck und sagte: »Als Sie mit den anderen Teilnehmern am Finale hereinkamen, wirkten Sie besonders fröhlich. Vielleicht wussten Sie ja, dass Sie gewinnen würden.«

Es ist ein echtes Wunder. Der erweiterte Ein-Ringgit-Schein und der Scheck von der Bank des Universums, auf dem ich hunderttausend Ringgit eingetragen hatte – beide wurden ein paar Monate später Wirklichkeit.

Alle im Freundes- und Familienkreis, denen ich davon erzählte, legten ihre Zweifel ab.

Enny H., Kuala Lumpur, Malaysia

Bei manchen Wünschen hat man das Gefühl, ihre Erfüllung sei so gut wie unmöglich. Aber für das Gesetz der Anziehung ist nichts unmöglich, und alles kann geschehen, selbst wenn Sie um ein Wunder bitten, wie es in der Geschichte von Popeye war, dem entlaufenen Mops.

POPEYE

Vier Monate lang wohnte meine einundzwanzigjährige Tochter mit ihrem vier Jahre alten Mopsrüden Popeye bei uns, und in dieser Zeit war ich es hauptsächlich, die sich um den Hund kümmerte. Als meine Tochter schließlich umzog, nahm sie meinen geliebten Popeye mit, und wir hörten dann ungefähr zwei Monate nichts von ihr. Als ich sie einmal fragte, wie es Popeye gehe, sagte sie, er sei vom Hof entwischt und nicht mehr zu finden.

Ich bastelte eine Suchanzeige, ließ sie hundertmal kopieren und hängte Sie überall in der Gegend auf, in der meine Tochter wohnte. Als ich sie fragte, wie lange Popeye schon weg sei, sagte sie: einen Monat. Ich war richtig erschrocken, da ich gehört hatte, dass die Chancen, ein entlaufenes Tier wiederzufinden, nur in den ersten drei Wochen gut waren.

Mehrmals bekam ich Anrufe wegen Möpsen, die in der Gegend gesehen wurden, und machte mich immer sofort auf den Weg, aber es war nie mein Liebling. Die Zeit verging, ich hängte noch mehr Suchanzeigen auf, bekam jedoch immer seltener Anrufe. Ich inserierte in der Zeitung, durchstöberte die Gegend, sprach Leute an, verteilte Zettel.

Damals kannte ich *The Secret* noch nicht. Es kam in mein Leben, als ich meinen Sohn einmal nach Starkville fuhr, wo er sich die Mississippi State University ansehen wollte und ich mir die Zeit im Campus-Buchladen vertrieb. Beim ersten Mal kaufte ich dies und das, aber nicht *The Secret*. Ich sah das Buch nicht einmal. Dann brauchte mein Sohn aber später am Tag noch etwas, und ich ging wieder in den Buchladen, um es zu besorgen. An der Kasse fiel es mir dann ins Auge: *The Secret*. Ich hatte keine Ahnung, um was es sich handelte, aber das Cover sprach mich an, und ich kaufte es. Nach diesem Wochenende, wieder daheim, fing ich an zu lesen. Da wurde mir klar, weshalb Popeye noch nicht wieder zu Hause war. Nach dem Auszug meiner Tochter hatte ich sein Hundebett in die Garage gestellt. Vorher hatte ich es in der Kleiderkammer gehabt, aber es tat mir jedes Mal weh, wenn ich es sah. Jetzt stellte ich es wieder in der Kammer bereit und besorgte auch gleich sein Hundefutter. Ich setzte meine Suchaktion fort, aber ich bedankte mich auch alle

Tage für Popeyes Heimkehr. Ich glaubte so inbrünstig daran, dass ich dankbare Freudentränen weinte.

Ein paar Wochen lang kamen keine Anrufe mehr, aber ich gab meine Zuversicht nicht auf. Und dann erhielt ich doch wieder einen Anruf, und jemand beschrieb eine Stelle, an der Popeye gesehen worden war, zu einer Zeit, als wir ihn erst wenige Wochen vermissten. Diese Leute wollten mich einfach wissen lassen, dass noch Hoffnung bestand, und das fand ich ganz großartig von ihnen. Ein paar Stunden später kam ein weiterer Anruf von einem Mann, der sagte, Popeye sei bei seiner Nichte in Texas. Er erzählte, sie sei in der Zeit, als Popeye verschwand, zu Besuch bei ihm gewesen und habe unser Hündchen bei der Schule gefunden, nicht weit von der Wohnung meiner Tochter entfernt. Die Nichte hatte überall in der Nachbarschaft gefragt, ob jemand den Hund kenne, aber es fand sich niemand. Deshalb nahm sie ihn mit, als sie wieder nach Hause musste. Ihr Onkel war dann monatelang auf Reisen gewesen und hatte nach seiner Rückkehr meine Suchaushänge gesehen und sofort seine Nichte angerufen, um mitzuteilen, dass Popeye gesucht wurde. Er gab mir ihre Nummer. Als ich anrief, erforschte ich zuerst, ob der Hund Popeyes Kunststückchen beherrschte. Natürlich war es so.

Jetzt möchten Sie bestimmt noch wissen, wie Popeye von
Texas nach Mississippi zurückkam. Ob Sie es glauben oder
nicht, mein Vater wohnt eine Viertelstunde von Popeyes
neuer Adresse entfernt und holte ihn ab. Demnächst kommt
er zur Schulabschlussfeier meines Sohns her und bringt ihn
mit.

Marta H., Ocean Springs, Mississippi, USA

Marta wusste, sie musste sich irgendwie zu dem Glauben
durchringen, dass Popeye zu Hause war, und das ist
bestimmt nicht leicht, wenn ein heißgeliebtes Haustier
verschwindet. Sie interstützte das mit ganz gezielten Aktio-
nen, die von großer Kraft waren, weil sie voraussetzten, dass
Popeye wieder da war – sie holte das Hundebett ins Haus
zurück und kaufte Futter. Dieser Glaube ist der zweite
wichtige Schritt im schöpferischen Prozess.

Der zweite Schritt – glauben

Danach fragen, glauben, empfangen – dies sind die drei einfachen Schritte, um zu erschaffen, was Sie sich wünschen. Der zweite Schritt – glauben *– ist oft der schwierigste, aber auch der größte, den Sie je machen werden. Der Glaube kennt keinerlei Zweifel. Der Glaube wankt nicht. Der Glaube ist absolut. Der Glaube lässt sich trotz allem, was draußen in der Welt vor sich geht, nicht erschüttern.*

Wenn Sie das Glauben meistern, meistern Sie Ihr Leben.

The Secret – Das Praxisbuch für jeden Tag

ICH GLAUBE!

Vor ungefähr einem halben Jahr fassten mein Freund und ich spontan den Entschluss, in eine andere Stadt umzuziehen, in der er früher schon gewohnt hatte. Er fuhr voraus und zog bei einem Freund ein, damit er sich leichter um einen neuen Job kümmern konnte. Das war für mich natürlich schwierig, er fehlte mir, doch ich hatte meine Stelle auch bereits gekündigt und wollte ihm einen Monat später folgen.

Aber die Zeit verging, und nichts, was wir uns vorgestellt hatten, wollte so recht klappen. Mein Freund bekam den Job nicht, um den er sich beworben hatte, und war jetzt schon einen Monat arbeitslos. Ich hatte auch noch keine neue Stelle, und obendrein fand ich keine Nachmieter für meine Wohnung. Sollte ich am Auszugstag immer noch niemanden haben, würde ich noch einmal drei Monate die Miete bezahlen müssen, und das Geld hatte ich einfach nicht. Wir waren so weit auseinander, ich fühlte mich einsam und fast schon verzweifelt. Die Zeit lief uns weg, das Geld ging zu Ende.

An einem Wochenende, als ich bei ihm zu Besuch war, fanden wir eine Wohnung. Dann stellte sich heraus, dass die Mieter erst ein paar Tage nach unserem geplanten Einzugstermin ausziehen konnten. Mit der Umzugsfirma war bereits alles abgesprochen, der Termin ließ sich nicht mehr ändern. Das Ganze sah ziemlich verfahren aus.

Eine Woche vor dem Umzug war ich abends einmal richtig verzweifelt und weinte – und griff zu *The Secret*. Ich suchte mir zwei Steine als Dankbarkeitssteine aus und hielt sie in der einen Hand, während ich mit der anderen alles aufschrieb, wofür ich im Leben dankbar war und was ich mir wünschte, vor allem für den Eintritt in mein neues Leben. Ich wollte einen Job, und Urlaub wünschte ich mir auch. Den Job wollte ich sofort, aber ich wünschte mir auch Zeit, um diese Stadt kennenzulernen und in meiner neuen Wohnung richtig anzukommen. Für meinen Freund wünschte ich mir ebenfalls eine Arbeit – und dass wir unsere neue Wohnung am geplanten Wochenende und nicht *einen* Tag später beziehen würden. Ich druckte mir zwei Fotos des Hauses aus und schrieb in großen roten Ziffern das Einzugsdatum darauf. Das eine Foto trug ich bei mir, das andere legte ich neben mein Bett. Der letzte Wunsch: Irgendein nettes Mädchen sollte am Umzugstag meine alte Bude nehmen.

Die Steine hatte ich von da an in meiner Jeanstasche, und jedes Mal, wenn ich sie berührte, dachte ich wieder an die Liste meiner Wünsche.

Und was soll ich Ihnen sagen? Ungefähr fünf Tage vor dem Umzug rief mich eine junge Frau an und sagte, sie wolle meine Wohnung mieten. Sie kaufte mir sogar meine Waschmaschine ab, die ich nicht mitnehmen konnte und sowieso loswerden wollte. Mein Freund und ich bezogen am geplanten

Wochenende die neue Wohnung, und dann hatten wir zwei Wochen Zeit, uns in dieser tollen Stadt einzuleben, bevor wir beide neue Arbeitsverträge unterschrieben – am selben Tag!

Ich bin so dankbar, dass ich *The Secret* und mich selbst besser kennengelernt habe. Und es funktioniert wirklich. Du musst nur glauben, vor allem an dich selbst. Danke, Rhonda, dass Sie das Geheimnis mit uns teilen. Ich gebe es auch weiter, immer wieder.

Nia, Deutschland

Sie müssen sich vollkommen sicher sein, dass Ihr Wunsch in dem Moment erfüllt ist, in dem Sie ihn äußern. Sie müssen vollkommen darauf vertrauen und so handeln, sprechen und denken, als wäre das Gewünschte bereits da. Das ist mit »glauben« gemeint.

Nia bestärkte ihren Glauben, dass sie das Gewünschte bereits hatte, mit Fotos des neuen Hauses und dem großen roten Einzugsdatum. Wenn Sie sich zu diesem Glauben durchringen können, muss das Universum alles in Bewegung setzen – Leute, Umstände, Ereignisse –, damit Sie bekommen können, was Sie sich gewünscht haben.

Wie das Universum das im Einzelnen in die Wege leitet, ist nicht Ihre Sache und braucht Sie nicht zu bekümmern. Überlassen Sie es dem Universum. Wenn Sie auszutüfteln versuchen, *wie* die Sache laufen soll, senden Sie eine Frequenz des Vertrauensmangels, Sie glauben nicht, dass Sie das Gewünschte bereits haben. Sie meinen, dass *Sie* sich darum kümmern müssen und das Universum es nicht für Sie tun wird.

Außer den Fotos hatte Nia auch noch ihre Dankbarkeitssteine, die sie daran erinnerten, für den bereits gewährten Wunsch dankbar zu sein. Sie wusste, dass sich keine weiteren Wünsche in unserem Leben manifestieren können, wenn wir nicht dankbar sind für das, was wir haben. Warum nicht? Nun, wenn Sie undankbar sind, haben Ihre Gedanken und Gefühle nichts Positives und können nur das anziehen, was Sie *nicht* möchten.

Wenn Sie dagegen dankbar sein können für alles, was Sie haben, ziehen Sie in allen Bereichen Ihres Lebens mehr von dem an, was Sie sich wünschen. So einfach ist das!

Um möglichst bald Veränderungen im Leben zu erzielen, sollten Sie die Dankbarkeit einsetzen, um energetisch umzuschalten. Wenn Sie Ihre ganze Energie in die Dankbarkeit investieren, werden Sie sehen, dass Wunder in Ihrem Leben geschehen.

The Secret – Das Praxisbuch für jeden Tag

Wenn Sie Ihren Wunsch geäußert haben, müssen Sie im Weiteren *glauben* und *wissen*. Dieser unerschütterliche Glaube ist Ihre größte Kraft. Wie es geschieht, dass das Universum Ihren Wunsch erfüllt, ist nicht Ihre Angelegenheit oder Aufgabe. Erlauben Sie es dem Universum, das für Sie zu erledigen. Wenn Sie herauszufinden versuchen, *wie* es geschieht, erzeugen Sie eine Schwingung mangelnden Vertrauens – als ob Sie nicht glaubten, dass es bereits geschehen sei. Sie denken dann, *Sie* müssten es erledigen, und glauben nicht, dass das Universum es *für Sie* tut.

EIN GREENCARD-WUNDER

Im Januar 2011 habe ich in Indien am Flughafen meiner Heimatstadt Kerala in einem kleinen Buchladen *The Secret* erworben, als ich auf meinen Rückflug in die USA wartete. Ich las es während des Flugs nach Los Angeles, und es hat meinem Leben eine neue Richtung gegeben. Ich hatte immer schon mit meinem Pessimismus zu kämpfen gehabt, doch was ich in diesem Buch fand, änderte meine Einstellung und half mir, meine Zukunft wirklich selbst in die Hand zu nehmen.

Aber ich fiel doch noch oft in die alte Haltung zurück und nahm nicht wahr, was für ein Segen mein neuer Job, mein schönes neues Zuhause und eine wunderbare neue Beziehung waren, sondern dachte mehr an die Dinge, die ich nicht hatte – und das war insbesondere eine zeitlich unbeschränkte Greencard, mit der ich dauerhaft in den Vereinigten Staaten würde bleiben können.

Ich besaß aufgrund meiner kurzlebigen Ehe eine befristete Greencard, und um eine unbefristete zu bekommen, hätte ich beweisen müssen, dass meine Ehe noch bestand. Kein Zweifel, dass sie bestanden hatte, meine seelischen Narben waren Beweis genug, aber mein Mann und ich hatten uns kaum ein Jahr nach der Trauung wieder getrennt und waren eben dabei, die Scheidung durchzuziehen.

Ich musste mir einen Anwalt für Einwanderungsfragen nehmen und beklagte mich ständig über die zu erwartenden Kosten und dass sie mich am Ende doch abschieben würden. Natürlich sorgte das Gesetz der Anziehung dafür, dass meine Probleme blieben, wie sie waren.

Es wirkte alles immer aussichtsloser, bis ich die Website von *The Secret* besuchte und ein paar Erfahrungsberichte las, um meine Trübsal irgendwie abzuschütteln. Was die Leute da über ihre persönlichen Wunder schrieben, gab mir so viel Ansporn, dass ich gleich wieder einzusteigen beschloss. Ich machte mir zwei Farbkopien meiner derzeitigen Greencard und erhöhte das Ablaufdatum von 2011 auf 2021. Eine Kopie heftete ich mir an meine Pinnwand am Arbeitsplatz, die andere steckte ich in die Brieftasche.

Dann tat ich etwas, um den Erfolg zu sichern: Ich vergaß die ganze Sache! Keine Minute dachte ich mehr über den weiteren Ablauf nach, was die Anwälte erreichen würden und ob ich alle erforderlichen Dokumente eingereicht hatte – kein einziger negativer Gedanke mehr. Ich unternahm auch ganz gegen meine Gewohnheit nichts, um die Angelegenheit irgendwie voranzubringen. Ich stellte mir nicht einmal einen günstigen Verlauf meines Gesprächs mit dem Einwanderungsbeamten vor und verschwendete keinen Gedanken an die brillante Argumentation meines Anwalts. Ich überließ alles einfach sich selbst. Wenn ich gefragt wurde, wie die Dinge standen, zuckte ich die Schultern und sagte, mein Antrag sei in Bearbeitung. Ich unterließ Nachfragen in der Kanzlei meines Anwalts und plagte mich nicht mit Gedanken über das Datum, bis zu dem ich den Termin für das Gespräch in der Einwanderungsbehörde erfahren sollte.

Bei meiner Kenntnis des Ablaufs dieser Prozeduren hätte es nahegelegen, ein kurzes Gespräch mit einem mir gewogenen Beamten und dergleichen zu visualisieren. Aber das Gesetz der Anziehung bescherte mir mehr, als ich mir je hätte vorstellen können. Am 1. Juni, zwei Monate vor Ablauf meiner Greencard, kam eine neue mit der Post. Kein Gespräch, kein Beamter, keine weiteren Verhandlungen, nur die Karte – und auf der stand 2022, ein Jahr mehr, als ich auf meine Inspirationskopie geschrieben hatte!

Gelernt habe ich aus dieser Erfahrung, dass es oft gar nicht so gut ist, wenn wir uns ständig um positive Gedanken über das bemühen, was wir haben wollen. Es geht vielmehr um die Fähigkeit zu wünschen, zu glauben und dann loszulassen.

Diese drei Schritte beherrsche ich jetzt: darauf vertrauen, dass das Universum meinen Wunsch gehört hat; sicher sein, dass ich ihn klar formuliert und vorgebracht habe; und glauben, dass mein Wunsch Wirklichkeit wird. Na gut, ich habe nach wie vor ein bisschen Mühe mit dem Hang, mein Ersuchen noch weiter zu präzisieren oder es mit noch positiveren Schwingungen anzuschieben.

Ambika N., Los Angeles, Kalifornien, USA

Ambika erkannte, dass wir viel leichter an die Erfüllung unserer Wünsche glauben, wenn wir uns gut fühlen. Glauben und ein gutes Gefühl haben – es ist in beiden Fällen die gleiche positive Schwingungsfrequenz. Versuchen Sie nicht zu glauben, wenn Sie ganz schlecht drauf sind. Sorgen Sie dafür, dass Sie sich gut fühlen, dann können Sie die Visualisationen machen, die Ihren Glauben beflügeln.

Wenn Sie sich über etwas beklagen, befinden Sie sich auf der »Beschwerdefrequenz« und können nicht anziehen, was Sie sich wünschen.

Wechseln Sie in Gedanken und Worten auf die
»Frequenz des Guten«. Sie werden sich erstens
besser fühlen und zweitens auf der richtigen
Schwingungsebene sein, um noch mehr Gutes zu
empfangen.

The Secret – Das Praxisbuch für jeden Tag

EINMAL WÜNSCHEN, DANN LOSLASSEN

Mein Mann und ich waren zu dem Entschluss gekommen, ein neues Haus zu kaufen und unser jetziges leer stehen zu lassen, bis es jemand kaufte. Das war nach dem Zusammenbruch des Immobilienmarkts ein ziemliches Vabanquespiel, aber wir blieben optimistisch. Als jedoch nach sieben Monaten und über zwanzig Besichtigungsterminen immer noch kein Angebot da war, sank mir der Mut, und meine Sorgen nahmen zu, schließlich waren jetzt zwei Hypothekendarlehen zu tilgen.

Ich kam durch die »Oprah Winfrey Show« zu *The Secret*. Wenig später überredete ich meinen Mann, sich den Film mit mir auf dem Computer anzusehen. Das war an einem

Freitag. Für den Sonntag hatte ich mir vorgenommen, die Garage unseres alten Hauses leer zu räumen, und dabei wollte ich auch gleich das durch den Film Gelernte anwenden. Nur ein einziges Mal wünschte ich mir bewusst den Verkauf des Hauses, visualisierte ein »Verkauft«-Schild, empfand Dankbarkeit – und ließ dann alles los.

Als ich eben das Garagentor schloss und zum Wagen zurückgehen wollte, sah ich einen Mann, der sich einen der beim Verkaufsaushang ausgelegten Flyer nahm. Am nächsten Tag rief der Makler an und gab bekannt, es lägen drei Angebote vor. Sechs Wochen später war der Vertrag unter Dach und Fach.

Tricia, Brentwood, Kalifornien, USA

Wer wünscht und glaubt, der wird bekommen

REISETRÄUME

Ich wollte immer schon gern reisen, es gibt für mich nichts Schöneres, als die Welt zu sehen und alles zu erleben, was die Erde zu bieten hat. Ich erinnere mich, dass ich dazu schon auf der Highschool etwas in mein Tagebuch schrieb und damit eigentlich kundtat, dass ich eines Tages reisen werde. Heute ist mir klar, dass ich da bereits *The Secret* lebte, ohne es zu wissen. Mein erstes Ziel war aber der Collegeabschluss.

Während der Rezession war das Leben in den USA bedrückend und manchmal richtig frustrierend. Ich hätte nie gedacht, dass ich mein Examen in der Zeit der größten Finanzkatastrophe seit der Weltwirtschaftskrise ablegen würde. Ich hatte überhaupt kein Geld, lebte von Studiendarlehen und konnte in meiner kleinen Stadt keinen Job finden, der mich über Wasser gehalten hätte. Entweder wollte man mich nicht, oder der Job vertrug sich nicht mit meinem Stundenplan. Ich war drauf und dran, den Mut zu verlieren.

Ich hatte *The Secret* gelesen und hier und da auch schon angewendet, aber ich habe wohl nicht wirklich mit ganzer Seele daran geglaubt. Also las ich es noch einmal, und diesmal schlug es richtig ein.

Bis zum Examen blieben mir dreieinhalb Monate, um meine Reiseträume zu verwirklichen, aber ringsum hörte ich nur: »Das wird doch nichts!« Sogar meine Eltern, die mich wirklich nach Kräften unterstützten, rieten mir ab: »Schlag dir diese Träume aus dem Kopf ... dazu wird es noch lange nicht kommen. Du hast kein Geld, und wir können es auch nicht bezahlen.« Manchmal kostete es mich Mühe, ihnen nicht einfach recht zu geben. Aber ich blieb fest. Ich schüttelte den Kopf, aber sprach nicht mehr mit ihnen darüber, da sie eine so ablehnende Haltung an den Tag legten. Mir selbst versicherte ich täglich: »Ich werde reisen, wie und wann, weiß ich nicht, aber es *wird* so sein.«

Ich kreierte eine Visionstafel mit Bildern von Orten, die mich lockten. Ich verzeichnete jeden Abend alles in meinem Tagebuch, wofür ich dankbar war – was ich an den Leuten schätzte, was ich an mir selbst mochte und so weiter. Ich erwähnte auch, wie dankbar es mich machte, dass ich die Welt entdecken und so viel für meine Seele gewinnen würde. Woche für Woche schrieb ich so, und irgendwann stellte sich tatsächlich das Gefühl ein, das Gewünschte bereits bekommen zu haben. Ich glaubte von ganzem Herzen, dass ich reisen würde.

Ungefähr eineinhalb Monate vergingen damit, als ich eine E-Mail von einer alten Freundin bekam. Darin erzählte sie von einem Austauschprogramm, in dessen Rahmen ich bei einer italienischen Familie leben würde! Ich griff sofort zu, und diese italienische Familie schrieb mich dann an und bot mir sogar Bezahlung dafür, dass ich bei ihnen wohnte. Ich konnte es schier nicht fassen. Diese Chance fiel mir buchstäblich in den Schoß.

Ich überlegte: »Also gut, wenn ich erst einmal da bin, habe ich auch Geld. Jetzt muss ich nur noch klären, wie ich hinkomme.« Ich sagte mir immer wieder, dass es ganz sicher klappen würde. Ich brauchte nur noch Geld für das Flugticket.

Ein paar Wochen darauf machte ich mein Examen, und siehe da, es kamen aus allen Richtungen Geldgeschenke – und sie reichten genau für mein Ticket.

Mir kam der Gedanke, dass ich mir ja unmöglich nur Italien ansehen konnte, wenn ich schon so weit flog. Ich wollte noch viel mehr von Europa sehen und nahm mir vor, am Schluss einen Monat mit dem Rucksack unterwegs zu sein. Da kamen in meiner Familie und im Freundeskreis wieder Bedenken auf: »Wie willst du denn das Geld dafür zusammenkriegen? Und willst du etwa allein unterwegs sein?« Ich konnte immer wieder nur sagen: »Das findet sich schon, wenn es so weit ist. Es wird jemand mitkommen, und genug Geld wird auch da sein. Ich *weiß* es einfach.«

Ich buchte also mein Rückflugticket gleich mit Berücksichtigung des Rucksackmonats, und tags darauf rief meine beste Freundin an, die in einem anderen Bundesstaat lebt und Neuigkeiten erzählen wollte. Wir hatten lange nicht telefoniert, und als ich ihr von meinen Reiseplänen erzählte, sagte sie Knall auf Fall: »Ich komme mit. Ich buche jetzt gleich ... bis dann in Rom!«

Der ganze Trip wurde durch Anwendung des Geheimnisses wahr. Es ist ein tolles Gefühl zu wissen, dass so Wunderbares eintreten kann, wenn du nur dein Denken änderst. Die Reise hat mein Leben verändert, ich war die ganze Zeit gut mit Geld versorgt, und am Schluss hatte ich sogar noch etwas übrig!

Es stimmt wirklich: *wünschen, glauben, bekommen.*
Es funktioniert wahrhaftig.

Danke, danke, danke, und Gott segne euch alle.

Ashley J., Seattle, Washington, USA

Wünschen Sie *einmal*; glauben Sie, dass Sie bereits bekommen haben; dann müssen Sie sich nur noch gut fühlen, damit das Gewünschte bei Ihnen ankommt. Mit diesem guten Gefühl sind Sie auf der Frequenz des Bekommens. Es ist die Schwingung, auf der alles Gute zu Ihnen kommt, es wird Ihnen alles zuteilwerden, was Sie sich gewünscht haben.

Um sich schnell auf diese Frequenz zu bringen, sagen Sie sich: »Ich bekomme jetzt. Alles Gute im Leben fließt mir jetzt zu. Ich bekomme ... (nennen Sie Ihren Wunsch) jetzt.« Und dann *fühlen* Sie es. Fühlen Sie es, als wäre es schon da.

Ashley war beim Tagebuchschreiben in dieser Haltung, und dass sie schlichtweg von der Erfüllung ihres Wunschs ausging, machte sie zur Glaubenden und Empfängerin.

Kleine Wünsche

Die meisten Menschen können kleine Dinge schnell manifestieren. Das liegt daran, dass sie keinerlei Widerstand dabei empfinden und nichts denken, was dem widersprechen würde. Bei größeren Angelegenheiten senden sie jedoch oft Gedanken des Zweifels aus, die ihren Wünschen zuwiderlaufen. Dies ist der einzige Unterschied im Hinblick auf die Zeit, bis sich etwas verwirklicht.

Für das Universum ist nichts zu groß oder zu klein.

The Secret – Das Praxisbuch für jeden Tag

EIN PENNY, DER ALLES ÄNDERTE

Nachdem ich *The Secret* gelesen hatte, sagte ich mir, dass ich mit etwas Kleinem anfangen würde wie der Mann mit der Feder im Buch. Ich stellte mir einen Penny vor, aber einen besonderen. Mein Penny würde mit der Kopfseite nach oben liegen, wenn ich ihn fand. Er würde ganz neu sein und glänzen, und er würde das Prägedatum 1996 tragen. Das war mir wichtig, dieses Jahr bedeutet mir viel, und so sollte es auf dem Penny stehen.

Ich habe diesen Penny heute vor vier Tagen visualisiert und immer wieder an ihn gedacht. Ein paarmal habe ich mich dabei erwischt, wie ich auf Parkplätzen oder Gehsteigen den Boden absuchte. Ich rief mir in Erinnerung, dass ich nach meinem Penny nicht suchen musste, weil er *mich* finden würde.

Ich bin mir nicht sicher, ob ich heute überhaupt an ihn gedacht habe. Ich hatte keinen einzigen gesehen, seit ich mich auf diesen festgelegt hatte. Heute Abend war ich im Kino, und auf dem Heimweg blickte ich aus irgendeinem Grund auf den Boden, und da lag ein glänzender Penny. Bevor ich nach ihm griff, vergewisserte ich mich, ob die Kopfseite oben war. Sie war es. Ich hob den Penny auf, und als ich das Prägejahr erkannte, kamen mir die Tränen: 1996.

Ich bin so froh, dass ich klein angefangen habe. Diesen kleinen Erfolg brauchte ich, um wirklich glauben zu können. Jetzt weiß ich, dass ich alles tun und alles haben kann, am liebsten würde ich dieses Buch für alle Leute kaufen, die ich kenne. Vielen, vielen Dank, ich bin wirklich sehr dankbar!

Amanda, Connecticut, USA

Das Universum braucht zum Manifestieren Ihrer Wünsche keine Zeit. Jeder Zeitverzug hat allein damit zu tun, dass Sie ein bisschen spät dran sind und noch nicht glauben, wissen und fühlen, dass Sie das Gewünschte bereits haben. Das Universum manifestiert eine Million Dollar, Euro oder Ringgit so leicht wie einen einzigen, und wenn der eine Euro schneller zu Ihnen kommt als die Million, dann nur, weil Sie eine Million als einen Haufen Geld sehen und den einen Euro als Kleingeld. Wenn Sie irgendetwas als gewaltig oder riesengroß einschätzen, teilen Sie dem Gesetz der Anziehung eigentlich mit: »Das ist so viel, das wird nicht so leicht gehen und wahrscheinlich eine ganze Weile brauchen.« Das bewahrheitet sich natürlich, weil Sie immer das bekommen, was Sie denken und fühlen. Durch einen ersten Versuch mit etwas Kleinem können Sie sich leicht davon überzeugen, dass das Gesetz der Anziehung tatsächlich für Sie arbeitet. Wenn Sie das einmal erlebt haben, vergehen die Zweifel, die Sie vielleicht hegten.

NUR EINE KLEINIGKEIT

Ich habe durch eine Freundin von *The Secret* erfahren. Sie sagte bei jeder Gelegenheit, alles in meinem Leben sei auf dieses Geheimnis zurückzuführen. Und ich dachte jedes

Mal: »Was im Himmel soll denn dieses Geheimnis sein?« Sie wollte es mir nicht sagen. »Wenn ich es dir verrate, ist es ja kein Geheimnis mehr«, sagte sie. Ich tat es achselzuckend ab und maß ihm keine große Bedeutung bei.

Einige Monate darauf besuchte mich mein Cousin aus Kanada, und im Laufe unserer Unterhaltung kam wieder dieses Thema auf, *The Secret*. Er berichtete mir, wie das Geheimnis sein Leben verändert hatte und wie viel Wunderbares ihm durch die Anwendung widerfahren war. Ich nahm mir vor, doch einmal zu prüfen, was es mit diesem Hype auf sich hatte. Ich bestellte mir online die DVD und sah mir den Film an. Hm, interessant, dachte ich und überlegte, wie ich ausprobieren könnte, ob die Sache funktioniert. Ich sagte mir, etwas ganz Einfaches, das ich aber wirklich haben wollte, sei für den Anfang richtig. Eigentlich war es ein kleiner Hinterhalt zur Widerlegung von *The Secret*.

Es klingt vielleicht ein bisschen schräg, aber zu der Zeit war ich ganz versessen auf diese mit Shrimps gefüllten chinesischen Teigtaschen, die »Ha Gao« heißen. Ich lebte in einer sehr westlich orientierten Gegend, in der authentische chinesische Küche kaum zu finden war. *The Secret* sagte, ich solle das Gewünschte visualisieren, und das tat ich. Ich forschte außerdem überall nach diesen Teigtaschen, erwähnte aber nichts von *The Secret* und schon gar nicht von meiner Ha-Gao-Bestellung. Ich dachte einfach eine gute Woche lang daran, aber es zeigte sich nichts.

Einmal am Abend sagte ich mir beim Einschlafen: »Ich werde diese Teigtaschen auf irgendeine Art bekommen. Wie, weiß ich nicht, aber es wird so sein.« Am nächsten Morgen hatte ich das völlig vergessen und ging zur Arbeit. Es lief alles wie immer, bis meine Kollegin herüberkam und sagte: »Komm mit in die Küche, die von der anderen Abteilung haben für alle Frühstück gemacht.« Ich ging mit, und was gab es da? Mein Ha Gao! Hahaha! Wer hätte das gedacht? Es war so ganz und gar unwahrscheinlich, und wer isst schon Ha Gao zum Frühstück? Aber da stand es.

Ich hatte es wirklich geglaubt, und jetzt war es eingetreten. Ich fragte die Mitarbeiterin, die das Essen mitgebracht hatte, wie sie auf Ha Gao zum Frühstück gekommen sei. »Es war in meiner Gegend der einzige Laden, der heute früh um sechs schon auf war.«

Seit dem Moment glaube ich an *The Secret*.

Laarni R., Kalifornien, USA

Es ist nicht ungewöhnlich, dass jemand *The Secret* erst einmal mit einem kleinen Wunsch testet, »nur um zu sehen, ob es tatsächlich funktioniert«. Jason, der Verfasser der nächsten Geschichte, wollte ebenfalls mit etwas wirklich Kleinem anfangen, und es sollte so speziell sein, dass bei der Verwirklichung kein Zweifel mehr möglich war.

ICH HATTE ZU GLAUBEN AUFGEHÖRT, BIS ...

Ich hatte mich schon ein Jahr lang mit dem Gesetz der Anziehung befasst, als *The Secret* erschien. Erfolge hatte ich nicht vorzuweisen, aber auf den Film freute ich mich.

Als er dann kam, war ich begeistert. Ich sah ihn mir mehrmals die Woche an, es machte mir richtig Spaß.

Irgendwo heißt es da, dass man für den Anfang eine Tasse Kaffee anziehen soll. Und im Buch wird von einem Mann erzählt, der eine Feder an sich zog, um das Gesetz der Anziehung zu beweisen.

Ich wollte diesen Beweis für mich selbst auch führen und etwas an mich ziehen, wozu ich überhaupt keinen Bezug hatte. Ich kam auf einen roten Fingerhut. Darüber schrieb ich jeden Tag etwas in mein Zielebuch. Ich visualisierte: Ich schloss die Augen, blickte auf meinen Finger und stellte mir da den roten Fingerhut vor. Ich schrieb mir sogar selbst eine E-Mail, in der ich mir – ganz ähnlich wie jetzt hier – die Geschichte erzählte, die ich einreichen würde, wenn ich den roten Fingerhut an mich gezogen hätte.

Zwei Wochen vergingen, und nichts passierte. Im Film hatte es geheißen, eine Tasse Kaffee könne man in einem Tag anziehen, und der Typ im Buch hatte für seine Feder zwei Tage gebraucht. Bei mir war nach zwei Wochen noch nichts zu sehen!

Dann haben wir in dem Improvisationskurs, an dem ich teilnehme, einmal einen Sketch gespielt, bei dem die Leute auf bestimmte Stichworte hin auf- und abtreten mussten. Meins war »Fingerhut«.

Das war ein köstliches Gefühl, für mich eine Botschaft des Universums, die besagte: »Bleib dran, er ist schon unterwegs zu dir.«

Das tat ich, aber es passierte wieder einen Monat lang gar nichts.

Ich war entmutigt und frustriert, ich schrieb die Sache ab. Offensichtlich funktionierte das Gesetz der Anziehung nicht. Eigentlich glaubte ich etwas anderes, nämlich dass es durchaus funktionierte, aber ich nicht wusste, wie man mit ihm umgeht. In zweieinhalb Monaten nicht mal einen Fingerhut angezogen? Das kann doch nur heißen, dass ich mich einfach nicht auskenne.

Dann fuhr ich zu einem Treffen von Zauberkünstlern in Las Vegas. Am Ende der Tagung bat unser Lehrer alle Teilnehmer, sich in sein Gästebuch einzutragen, dann in seine »Schatzkiste« zu greifen und sich eine der Kleinigkeiten zu nehmen, die er irgendwann bei seiner Arbeit verwendet hatte.

Ich sah einem Teilnehmer zu, der sich eintrug und einen Stein aus der Kiste zog. Als er zurückkam, sagte er: »Sieh mal. Das wird mein Dankbarkeitsstein.«

»Ah, du kennst *The Secret*?«, fragte ich. Er bejahte, und da fiel es mir wie Schuppen von den Augen: Das war ein weiteres Zeichen. Mein roter Fingerhut musste in dieser Schatztruhe sein! Ich ging hinüber, trug mich ins Gästebuch ein, öffnete die Schatztruhe, und da lag mein roter Fingerhut – obenauf. Ich war fassungslos. Ich kramte die ganze Kiste durch, aber es war kein weiterer Fingerhut da. Es gab nur diesen einen in meiner Wunschfarbe Rot.

Seitdem trage ich den Fingerhut stets bei mir, wie ich mir bereits vorgenommen hatte, als ich den Wunsch abschickte. Er ist jetzt im Moment in meiner Tasche. Immer wenn ich ihn berühre, fällt mir wieder ein, dass in diesem roten Fingerhut mein Glaube an das Gesetz der Anziehung liegt. Dass es sich um einen glücklichen Zufall handelte, war undenkbar. Ich hatte ihn erschaffen.

Ich weiß nicht, weshalb es so lange dauerte, bis dieser kleine Fingerhut zu mir kam. Ich bin mir auch nicht sicher, ob ich den Umgang mit dem Gesetz der Anziehung ganz verstanden habe. Aber immer wenn ich diesen kleinen Fingerhut in der Tasche berühre, glaube ich. Ich hatte nur halb geglaubt, jetzt glaube ich ganz. Das Gesetz der Anziehung existiert und gilt.

Jason H., Livonia, Michigan, USA

Wenn Sie die Kraft des Geheimnisses einmal erlebt haben und an das Gesetz der Anziehung glauben, brauchen Sie es nur noch konsequent in die Praxis umzusetzen, um alles in Ihrem Leben zum Besseren zu wenden.

Das Geheimnis wird Ihr Leben verändern

EIN NEUES FAMILIENLEBEN

Vor etwa eineinhalb Jahren wohnte ich mit meinen beiden Töchtern, die eine fünf Jahre und die andere fünf Monate alt, für ein paar Monate in Los Angeles, während mein Mann sich in Südafrika aufhielt. Die zeitweilige Trennung war notwendig geworden, weil wir in Südafrika finanziell nicht überleben konnten. Wir kamen überein, dass es besser war, wenn ich mit den Mädchen nach LA ging, wo ich Verwandte hatte, die uns eine Zeitlang unterstützen würden. Es war schlimm für uns alle, aber ich wusste, dass wir es überstehen würden.

Drei Leute erzählten mir von *The Secret* und sagten, durch diesen Film habe sich für sie alles geändert. Ich habe ihn mir online angesehen. Danach war mir klar, dass ich das Geheimnis eigentlich schon lebte. Ich hatte in meinem Tagebuch alles notiert, wofür ich dankbar war. Und ich *glaubte* an die Verbesserung unserer finanziellen Lage und dass wir meinen Mann wiedersehen würden.

Mir wurde auch klar, dass irgendetwas nicht ganz stimmte, wenn mein Mann und ich am gleichen Ort zusammen waren, und es lag daran, dass er *The Secret* nicht lebte – anders als ich. Ich wusste, dass er diesen Film unbedingt sehen musste.

Irgendwann fiel mir ein stattlicher Geldbetrag zu, und ich flog nach Südafrika zurück. Mein Mann hatte seine Töchter entbehren müssen und lebte praktisch von Wasser und Brot. Die Hunde hungerten, und er fand einfach keinen Job, um seinen Lebensunterhalt zu verdienen. Jetzt kam ich zurück und hatte reichlich Geld für die offenen Rechnungen und für gute Ernährung – und dazu noch den Schlüssel zu einem neuen Leben für die ganze Familie.

Mein Mann sah sich *The Secret* an und schlief wochenlang Tag für Tag damit ein. Er konzentrierte sich jetzt ganz auf das, was er wollte, und beschäftigte sich nicht mehr mit allem, was fehlte.

Er nahm sich ein Blatt Papier und beschrieb das Leben, das er sich wünschte, unser Traumhaus inklusive. Wir schlossen unser Leben in Südafrika ab und zogen um in das Leben, das wir uns in Los Angeles wünschten. Wir haben jetzt genau das Haus, das uns vorschwebte, unsere ältere Tochter besucht die beste Privatschule in der Stadt, und da mein Mann weiterhin arbeitet, sind wir finanziell abgesichert. Jeden Tag erleben wir Wunder, noch größere, als wir sie uns vorgestellt hätten. Wir erkennen auch, wie vollkommen sich unser Leben in Südafrika und die Zeit der Trennung ins Ganze einfügen, aber jetzt geht es um die strahlende Zukunft, die wir sehen. Und es ist gerade mal ein Jahr her, dass mein Mann diesen Film gesehen hat!

The Secret hat das Leben aller in unserer Familie verändert, und das wird auch weiterhin so sein. Wir wissen alle, dass wir nur *wünschen* und *glauben* müssen, um zu *bekommen*. Je eifriger wir das anwenden, desto schneller kommen die Manifestationen. Es ist einfach großartig. Und mit unserer Geschichte haben wir jetzt schon so vielen ringsum geholfen. Danke.

Alex, Los Angeles, Kalifornien, USA

Ganz gleich, wo Sie sich befinden, ganz gleich, wie schwierig auch alles scheinen mag – Sie kommen der Großartigkeit immer näher. Immer.

The Secret – Das Praxisbuch für jeden Tag

Schlüssel zum schöpferischen Prozess

- *Dem Gesetz der Anziehung ist nichts unmöglich,* alles *ist* möglich.

- *Alles, woran Sie immer wieder denken, ziehen Sie an.*

- *Wünschen, glauben, bekommen – drei einfache Schritte, mit denen Sie erschaffen, was Sie sich wünschen.*

- *Der erste Schritt des schöpferischen Prozesses, wünschen, besteht darin, dass Sie innerlich für sich klären, was Sie möchten.*

- *Darin können Sie so spezifisch sein, wie Sie wollen.*

- *Wenn Sie Ihren Wunsch geäußert haben, sagen Sie sich, dass das Gewünschte Ihnen bereits sicher ist.*

- *Der zweite Schritt des schöpferischen Prozesses, glauben, besteht darin, dass Sie denken, sprechen und handeln, als hätten Sie das Gewünschte bereits bekommen.*

☞ *Das ist zugleich auch der Weg zu diesem Glauben: denken, sprechen und handeln, als hätten Sie das Gewünschte* jetzt.

☞ *Wie das Universum Ihnen das Gewünschte bringt, ist nicht Ihre Sache und soll nicht Ihre Sorge sein.*

☞ *Wenn Sie glauben, muss das Universum alles in Bewegung setzen, damit Sie das Gewünschte bekommen.*

☞ *Erproben Sie die Kraft des Geheimnisses mit kleinen Wünschen.*

☞ *Der dritte Schritt des schöpferischen Prozesses, bekommen, besteht vor allem darin, dass Sie sich gut fühlen. Dann sind Sie auf der Frequenz des Bekommens, und das Gewünschte wird zu Ihnen finden.*

☞ *Wünschen Sie sich etwas einmal; glauben Sie, dass Sie es bereits bekommen haben; dann müssen Sie sich nur noch gut fühlen, damit das Gewünschte eintreffen kann.*

☞ *Ändern Sie Ihr Denken jetzt, und Sie werden Ihr Leben ändern.*

Um unser Leben zu verändern, müssen wir irgendwann beschließen, glücklich zu sein, statt weiter zu leiden. Das ist nur möglich, wenn wir den Entschluss fassen, nach Dingen Ausschau zu halten, die wir schätzen – ganz gleich, was geschieht.

The Secret – Das Praxisbuch für jeden Tag

Wie ich mit *The Secret* mein Glück fand

Glück entsteht dadurch, dass Sie mit voller Aufmerksamkeit bei glücklichen Gedanken bleiben und andere unbeachtet lassen.

Ihr Leben liegt in Ihrer Hand. Einerlei, wo Sie jetzt sind und was in Ihrer Biografie alles passiert ist, Sie können trotz allem bewusst Ihre Gedanken wählen und Ihr Leben in ein glückliches verwandeln. So etwas wie eine hoffnungslose Lage gibt es nicht. Wenn Sie Ihre Aufmerksamkeit Gedanken zuwenden, die Sie glücklich machen, werden Sie nicht nur tatsächlich glücklich, sondern alles in Ihrem Leben wird sich zum Besseren wenden.

Ihr jetziges Leben ist das Ergebnis Ihrer bisherigen Gedanken, und deshalb wird es sich ändern, wenn Sie zu anderen

Gedanken und Gefühlen finden. Niemand weiß das besser als Tracy in unserer nächsten Geschichte.

THE SECRET HAT MIR DAS LEBEN GERETTET

Ich war wie so viele andere ein ungewolltes und misshandeltes Kind. Suizidgedanken, Essstörungen und Selbstverletzung waren zu meiner »Ersatzgeborgenheit« geworden. Das Gefühl von Wertlosigkeit und die fehlende Selbstachtung begleiteten mich bis ins Erwachsenenleben.

Da niemand für mich da war, verlegte ich mich auf die Versorgung anderer und ging völlig in der Krankenpflege auf. Ich habe immer wunderbare Freundinnen gehabt, aber die Männerbeziehungen waren eine Katastrophe. Mein früherer Mann ging pausenlos fremd, und mein Freund betrog mich auch. Ich vergöttere meinen Sohn, sah mich aber immer als schlechte Mutter und fand, er habe Besseres verdient.

In einer Zeit, in der ich ernsthaft an Selbstmord dachte und einfach nicht wusste, wie es weitergehen sollte, empfahl mir eine liebe Freundin *The Secret*. Und das hat mir buchstäblich das Leben gerettet. Bis heute lese ich jeden Tag ein Kapitel, es gehört einfach zu meinem neuen Leben.

Es dauerte eine Weile, bis ich allmählich verstand und anfangen konnte, ein neues Leben einzuüben. Aber mein heutiges Dasein hat überhaupt nichts mehr mit meinem früheren gemein. Jeder Tag beginnt mit einem Lächeln und einem Dankgebet. Ich bin so glücklich, und jeden Tag bin ich froh, dass mir niemand mein Glück wegnehmen wird, denn je glücklicher ich bin, desto mehr Glück finde ich. Ich schreibe Tagebuch und bestücke meine Visionstafel, und ich bin so dankbar für all die wunderbaren Menschen in meinem Leben. Darunter ist auch ein Traummann, der mich liebt und den ich, was genauso wichtig ist, ebenfalls lieben kann. Sogar Selbstliebe habe ich gelernt, was wirklich nicht leicht war. Mein Arbeits- und Familienleben ist jetzt so rundum befriedigend und auf allen Ebenen mit so viel Liebe gesegnet.

Etlichen Freundinnen und Freunden habe ich *The Secret* geschenkt, damit auch andere wissen, *wie* schön das Leben sein kann.

Tracy C., Kanarische Inseln

Solange Sie mit sich selbst nicht im Reinen sind, halten Sie all die Liebe und all das Glück von sich fern, die das Universum für Sie bereithält. Tracy bot quälenden Gedanken über sich und ihr früheres Leben keinen Raum mehr und wählte bewusst positive, glückliche Gedanken. Sie fand heraus, dass sie umso mehr Glück – einschließlich des perfekten Partners – hatte, je glücklicher sie wurde. Auf diese Art wenden Sie Ihr Leben zum Besseren.

Auch Hannah dachte nach der Lektüre von *The Secret* um und erlebte in der Folge eine wunderbare Zeit.

DAS SCHÖNSTE JAHR MEINES LEBENS

Ich las *The Secret* in einer Periode, in der mein Leben irgendwie ein bisschen festgefahren war. Ich wusste nicht so recht, welche Richtung ich einschlagen sollte und was ich überhaupt wollte. Aber als ich *The Secret* bei diesem wahnsinnig öden Ferienjob gelesen hatte, kam etwas in Gang. Ich war damals auch ziemlich abgebrannt, doch als ich am Abend nach der Lektüre von *The Secret* mein Konto checkte, stellte ich verdattert fest, dass mehr drauf war, als ich gedacht hatte. Außerdem schwebte mir etwas sehr Spezielles vor, eine glatte silberne Lippenstiftbox. Auf die stieß ich ein paar Tage später.

Einige Wochen nach der Lektüre von *The Secret* fand ich einen neuen Job – unglaublich flexibel und sehr gut bezahlt. Dann wurde mir auch noch ein tolles Praktikum bei einer PR-Firma in Manhattan angeboten.

Am Beginn meines dritten Collegejahrs befand ich mich im Höhenflug. Im Rahmen meines Praktikums konnte ich an wichtigen Events teilnehmen und lernte einflussreiche und berühmte Leute kennen. Mein Job sorgte für finanzielle Sicherheit. An mein PR-Praktikum schloss sich ein weiteres bei einer Modezeitschrift an, verbunden mit sagenhaften kostenlosen Klamotten und Einladungen zur New Yorker Fashion Week.

In diesem Jahr jagte ein Höhepunkt den anderen, und das wurde nach meiner Überzeugung alles von *The Secret* in Gang gebracht. Es war ein Jahr mit lauter unglaublich netten Leuten, ein Jahr der tollen Chancen, der üppigen Geschenke und rauschenden Partys. Vor allem war es ein Jahr der positiven Einstellung, in dem ich genau die richtigen Leute anzog.

Ich war fest entschlossen, den Sommer über in New York zu bleiben und für meine Miete selbst aufzukommen. Tatsächlich bekam ich einen Job bei der PR-Firma, bei der ich mein

Praktikum gemacht hatte, und tue jetzt genau das, was ich mir vorgestellt hatte. Ich habe so viel Schönes, so viele glückliche Fügungen und so viel Anregendes in diesem Jahr erlebt und alles aufgeschrieben. Es sind schon fast hundert Punkte, und es kommen immer noch mehr schöne Dinge auf mich zu!

Hannah, New York, USA

Die Vergangenheit hinter sich lassen

Wenn Sie Ihr bisheriges Leben stets aufs Neue durchgehen und über Ihre aus der Vergangenheit stammenden Probleme nachdenken, sorgen Sie damit für immer weitere Schwierigkeiten. Lösen Sie sich lieber von allen unschönen Erinnerungen an Kindheit, Jugend und die späteren Jahre, und behalten Sie nur das, was Sie auch jetzt noch froh macht. Sie werden dann von Tag zu Tag glücklicher. Je mehr Sie sich mit Erfreulichem beschäftigen, desto mehr Liebenswertes fällt Ihnen auf, was Ihnen ein gutes Gefühl gibt, und desto glücklicher werden Sie.

Gleiches zieht Gleiches an, und wenn Sie selbst glücklich sind, ziehen Sie glückliche Menschen, Umstände und Ereignisse an. So ändern Sie Ihr Leben: ein froher Gedanke und dann noch einer.

Ihr Leben ist ein Spiegelbild dessen, was Sie in sich tragen; und Ihr Inneres unterliegt stets Ihrer Kontrolle.

The Secret – Das Praxisbuch für jeden Tag

EIN NEUER ANFANG

Mein Leben hat mit der Entdeckung des Geheimnisses angefangen.

Davor war ich immer nur unglücklich und deprimiert, ich habe ein paarmal versucht, mich umzubringen, ich war wütend und konnte kaum je lachen. Ich hasste mich und so gut wie alle anderen in meinem Umfeld. Dann habe ich auch noch entsprechend trübsinnige Musik gehört oder mir traurige Filme angesehen und geweint oder immer wieder über meine Probleme geredet und geheult. Ich habe getrunken und meine Freunde richtig schlecht behandelt. Ich war am Ende.

Natürlich wirken die früheren Ereignisse weiterhin in meinem jetzigen Leben nach, aber heute weiß ich dank *The Secret*, dass ich daran sowieso nichts ändern kann, nach vorn blicken und weitergehen muss.

Seit ich das Geheimnis anwende, fällt mir auf, dass ich von Liebe umgeben bin. Kaum zu glauben, dass ich das früher nicht gesehen habe. Es erschreckt mich, aber es macht mich auch glücklich. Alle sagen, ich sei jetzt ein ganz anderer Mensch. Ich strahle.

Ich habe auch richtig liebevolle Freunde gefunden. Ich zeige jetzt meine Liebe und bekomme überall Liebe zurück, mehr und mehr, wie ich es mir immer gewünscht habe.

Dann ging es darum, meinen Seelengefährten zu finden, und auch das ist inzwischen geschehen. Sicher muss ich nicht eigens erwähnen, dass er alles ist und hat, was auf meiner Wunschliste stand.

Bei jeder sich bietenden Gelegenheit gebe ich das Geheimnis an andere weiter, sogar an Unbekannte – ich wünsche einfach jedem, sich so zu fühlen, wie ich mich fühle. Und ich bin so dankbar. Wer weiß, wohin es ohne *The Secret* noch mit mir gegangen wäre?

Danke. Und danke, Gott.

Micki, Schweden

Schöpfung bedeutet, dass etwas *Neues* geschaffen wird und an die Stelle des Alten tritt. Sie brauchen nicht zu überlegen, was Sie ändern möchten, denken Sie einfach an das, was Sie neu schaffen möchten. Füllen Sie Ihr Leben mit erfreulichen Gedanken und Gefühlen an, und Sie werden erleben, dass sich Schuldgefühle, Groll und alle anderen unguten Emotionen verabschieden. Dann werden Sie eine andere Geschichte erzählen, die beste überhaupt: die wahre Geschichte von Ihrem glücklichen, sagenhaften Leben.

Glück besteht einfach darin, dass Sie weglassen, was Sie unglücklich macht. Und der wichtigste Faktor für Ihr Unglücklichsein und das aller anderen Menschen ist die Neigung, sich mit negativen Gedanken abzugeben. Der

Ausweg? Verlegen Sie sich voll und ganz auf positive und frohe Gedanken.

EIN FREUNDSCHAFTLICHER ANSTOSS

Im April 2008 machte mich meine beste Freundin auf *The Secret* aufmerksam. Ihr Bruder lebt danach, und sie versucht es auch. Sie sah wohl, dass ich Hilfe brauchte. Ich war neunundzwanzig, nahm starke Antidepressiva, und das schon seit Jahren. Die sozialen Dienste hatten meine Kinder in ihre Obhut genommen, ich fühlte mich einsam und verlassen.

Ich kaufte mir *The Secret*, und es fesselte mich von der ersten Seite an. Es leuchtete mir alles so unmittelbar ein, als wäre es mir aufs Herz geschrieben. Ich las jeden Abend ein wenig und nahm es wirklich in mich auf. Ich fing an, danach zu leben, und die Wirkung war sofort spürbar. Ich fühlte mich stärker, klarer und mehr als ich selbst denn je zuvor. Ich setzte das Medikament ab und kam wieder zu Kräften. Ich hielt es noch griffbereit, nur für den Fall der Fälle, aber ich habe es nie wieder gebraucht. Ich bin ein anderer Mensch geworden, besser und echter. Ich zeige meine Dankbarkeit, ich gebe von meiner Stärke und Überzeugung.

Das Sozialamt hat meinen Fall vorige Woche abgeschlossen. Die Sozialarbeiterin sagte: »Kaum zu glauben, wie Sie sich verändert haben, Mel. Als wären Sie ein anderer Mensch geworden.« Ich musste lächeln und gab zurück: »Das bin ich ja. Jetzt bin ich endlich ich.«

Heute bin ich eine glückliche fünfunddreißigjährige Single-Mutter für meine Söhne, ich fühle mich stark und gebe meine Dankbarkeit weiter. Ich habe mein Dankbarkeitstagebuch am Bett liegen und benutze es oft. Ich habe mein Exemplar von *The Secret* schon an etliche Leute ausgeliehen, und wenn Freunde es schwer haben, rede ich ihnen zu, nach kleinen dankenswerten Dingen Ausschau zu halten und dann zu beobachten, wie sich die Gefühle von dort aus entwickeln.

Manchmal muss ich mich noch anstupsen, um wieder ins richtige Fahrwasser zu kommen, aber ich bemerke die Abweichungen sofort und finde ganz schnell in meine glückliche Verfassung zurück. Meine Geheimnis-Schalthebel funktionieren, und die Dankbarkeit, die ich empfinde, übertrifft alles.

The Secret funktioniert, wie wunderbar!

Melica P., Essex, England

Bei den von Melica erwähnten »Geheimnis-Schalthebeln«
handelt es sich um Dinge, auf die Sie zurückgreifen können, um aufkommenden Ärger und Frust oder jede andere
negative Regung sofort zu verändern. Das können schöne
Erinnerungen, Zukunftserwartungen, komische Momente,
die Natur, ein geliebter Mensch oder Ihre Lieblingsmusik
sein. Ihre Geheimnis-Schalthebel sind ganz persönlich Ihre,
und Sie sollten sich ein ganzes Sortiment bereithalten, weil
unterschiedliche Umstände verschiedene Schalthebel
verlangen. Wenn einer nicht wirkt, tut es ein anderer.

Stupsen Sie sich wie Melica mit Ihren Schalthebeln an, »um
wieder ins richtige Fahrwasser zu kommen«. Sie werden sich
besser fühlen, und wer sich gut fühlt, ist ein starker Magnet
für immer mehr Gutes.

Sehen, fühlen, bekommen

Malen Sie sich aus, was Sie sich wünschen, visualisieren Sie,
dass Sie es haben, fühlen Sie das Glück, und das Gesetz der
Anziehung wird den besten Weg finden, auf dem es zu
Ihnen kommen kann.

EIN NEUES HAUS UND EIN BABY

Seit ich die Lehren von *The Secret* praktiziere, habe ich vielerlei manifestiert – meinen Mann, finanzielle Sicherheit, Gesundheit und einen neuen Wagen, um nur ein paar Beispiele zu nennen. Meine sechsjährige Tochter, mein Mann und ich sind nach der Hochzeit in die Stadt umgezogen, aus der er stammt. Wir wohnen jetzt zur Miete, er verdient das Geld, und ich kann mich um meine Ausbildung kümmern.

Wir haben uns entschlossen, ein neues Kapitel unserer Ehe aufzuschlagen: ein Haus zu kaufen und ein weiteres Kind zu bekommen. Wir hatten dazu auch Vorstellungen vom zeitlichen Ablauf, aber die Zeit verging, und es war kein Haus in Sicht, die Schwangerschaftstests blieben negativ. Mein Mann glaubt wie ich fest an das Gesetz der Anziehung, und wir mussten uns eingestehen, dass wir beim Wünschen, Glauben und Bekommen wohl nicht richtig vorgegangen waren.

Wir gingen dazu über, ständig die Gegend zu visualisieren, in der wir leben wollten, obgleich sie sehr begehrt ist, dazu den genauen Haustyp und die Summe, die wir äußerstenfalls zahlen würden. Ich stellte sogar online einen Merkzettel für all die Dinge auf, die wir brauchen würden, wenn unser Baby da war!

Wir trieben uns täglich in unserer Wunschgegend herum. Wir wollten so unbedingt dorthin, dass wir Gebote für zwei Häuser abgaben, die jedoch überboten wurden.

Eines Abends, als wir unsere gewohnte Runde durch die Gegend machten, fanden wir es. Der Standort passte perfekt, und es war genau die Art von Haus, die wir uns vorgestellt hatten. Nur der Preis lag zu hoch. Wir boten trotzdem, weil wir einfach wussten, dass es unser Haus war. Unser Gebot war so niedrig, dass man eine Beleidigung darin hätte sehen können.

Am nächsten Tag rief unser Makler an und sagte, der Verkäufer habe unser Angebot akzeptiert. Wir waren überwältigt, zumal genau an diesem Tag auch noch der Schwangerschaftstest positiv ausgefallen war!

Ich hatte meinen Online-Merkzettel für einen Jungen ausgelegt. Außerdem hatte ich einen Zettel unter meinem Kopfkissen, auf dem Name, Geschlecht und Augenfarbe standen. Und was soll ich sagen? Ich brachte einen Jungen mit grünen Augen zur Welt, ich hatte es einfach gewusst!

Manchmal laufen die Dinge so, dass man sprachlos dasteht.

Heather M., Buffalo, New York, USA

Kennen Sie das? Etwas Unangenehmes kommt Ihnen in den Sinn, und je länger Sie daran denken, desto unangenehmer erscheint es Ihnen. Es liegt daran, dass anhaltende Gedanken das Gesetz der Anziehung veranlassen, Ihnen weitere Gedanken dieser Art zuzuführen. Zum Glück gilt das nicht nur für unangenehme Gedanken, sondern auch für erfreuliche.

Wenn Sie Ihre Aufmerksamkeit auf Gedanken richten, die Sie froh machen, ziehen Sie weitere Gedanken dieser Art an. Seien Sie einfach *jetzt* froh und glücklich. Strahlen Sie diese Gefühle in die Welt aus, und es werden all die Dinge zurückkommen, die Sie froh und glücklich machen, alles, was Sie sich wünschen. Ausgestrahlte Glücksgefühle fließen als glückliche Fügungen zu Ihnen zurück.

So ging es Diana, die einen großen Wunsch als erfüllt visualisierte und dann mehr Glück empfing, als sie sich ausgemalt hatte.

SOFORT-KARMA

Als ich den Film *The Secret* sah, konnte ich allem sofort zustimmen, es war, als wüsste ich es bereits und hätte nur noch nicht die Verbindungen gezogen. Ich habe immer wieder tolle Sachen erlebt, einfach weil ich für alles dankbar war, mir meine Wünsche bildhaft vorstellte und genau hinschaute.

Das letzte Erlebnis war ein Nachtflug von Boston nach Phoenix, zu dem ich als eine der Ersten an Bord ging, weil ich einen Aufschlag für einen besseren Platz ganz vorn gezahlt hatte. Beim gleichen Flug ein Jahr zuvor hatte ich das Glück gehabt, dass die Plätze neben mir leer waren, sodass ich mich während des Flugs ausstrecken und schlafen konnte. Diesmal hatte ich schon den ganzen Tag visualisiert, dass die Plätze neben mir wieder leer sein würden und ich den gleichen Luxus genießen konnte. Während ich mein Gepäck über mir verstaute, hörte ich eine ältere Dame hinter mir die Flugbegleiterin fragen, ob sie ganz vorn sitzen könne. Man erklärte ihr, dass diese Plätze mehr kosteten, und sie gab unwirsch zurück, sie bekomme leicht Platzangst und müsse vorn sitzen. Ich richtete mich auf meinem Platz ein, während die ältere Dame hinter mir geduldig darüber aufgeklärt wurde, ein Umzug sei wohl möglich, aber nur gegen einen

Preisaufschlag. Sie erwiderte schroff, das könne sie sich nicht leisten.

Die übrigen Passagiere strömten herein, und ich vermerkte mit wachsender Genugtuung, dass sie alle vorbeigingen und sich niemand zu mir setzte. Was Visualisation doch alles bewirken kann, dachte ich mir. Schließlich waren wir abflugbereit und wurden aufgefordert, alle elektronischen Geräte abzuschalten, bevor die Türen geschlossen wurden. Ich freute mich über die Erfüllung meines Wunschs, dachte aber auch immer wieder an die ältere Dame. Ich stellte mir vor, wie unbehaglich es für sie sein musste, so beengt zu sitzen. Wie sollte ich mein üppiges Platzangebot genießen, während sie da hinten litt?

Ich stand auf und ging zu der Flugbegleiterin, die mit ihr gesprochen hatte. Ich sagte, ich wolle dafür bezahlen, dass die Frau in meiner Reihe sitzen konnte, aber sie dürfe mich nicht verraten. Sie lächelte und versprach es.

Ein paar Minuten später wurde die ältere Dame zu meiner Reihe geführt und bekam einen Platz angewiesen. Wir sprachen nur kurz miteinander, aber sie wirkte erleichtert und zufrieden, und das freute mich mehr als die Möglichkeit, mich auszustrecken.

Gegen Ende des Flugs gingen die Flugbegleiter von einem Passagier zum nächsten, um ihre Kreditkarten mit den Kosten der Extraleistungen zu belasten. Auch ich wartete darauf, aber sie schienen mich übersehen zu haben. Schließlich kam die Flugbegleiterin, mit der ich gesprochen hatte, zu mir an meinen Platz am Gang. Ich hielt ihr meine Kreditkarte hin, aber sie beugte sich herunter und sagte leise, sie wolle sich im Namen der ganzen Crew bei mir bedanken. Sie hätten noch nie etwas so Nettes erlebt wie meine kleine Geste und seien alle begeistert davon. Am Ende wurde mir nicht nur der Aufschlag für den Platz der älteren Dame nicht berechnet, sondern sie spendierten mir auch noch meine Verköstigung!

Ich war so gerührt, dass ich kaum ein Wort herausbrachte. »Danke«, flüsterte ich.

Es hatte etwas so Wunderbares und Liebevolles, ich konnte nur staunen, wie viel Freude meine Geste der Freundlichkeit nach sich zog.

Diana R., Phoenix, Arizona, USA

Glückliche Gedanken machen sofort glücklich

Viele haben eine falsche Vorstellung von Glück. Wir denken, dass wir glücklich sein werden, wenn wir alles haben, was wir uns wünschen, und das Leben immer so läuft, wie wir es gern hätten. Weil wir so denken, führen wir ständig Gründe dafür an, dass wir jetzt noch nicht glücklich sein können. »Wenn ich den Job habe, die Beförderung bekomme, diesen Job hinschmeißen kann, die Prüfung bestehe, studieren kann, mit dem Studieren aufhören kann, abnehme, zunehme, mir ein Haus kaufen, mein Haus verkaufen kann, schuldenfrei bin, stressfrei bin, diese Beziehung beendet und eine neue habe, Familie habe, meine Gesundheit wieder mitspielt, ja, dann werde ich glücklich sein.«

Doch das sind alles Vorwände, und die große Wahrheit über das Glück lautet, dass Sie sich mit solchen Annahmen nur das Glück verschleiern, das bereits in Ihnen ist und das Sie jeden Tag haben können, ganz gleich, was ringsum passiert. All die »guten« Gründe erlauben Ihnen nicht, *jetzt* glücklich zu sein. Nicht Ihre Lebensumstände verwehren Ihnen das Glück, sondern die Gründe, die Sie vorschieben.

Gleiches zieht Gleiches an, Glück zieht Glück an, also lassen Sie die Ausreden einfach fallen, jede einzelne, und seien Sie jetzt glücklich!

HAPPY POWER

Ich war unglücklicher als alle Menschen, die ich je gekannt habe. Der Trübsinn war meine Lebensform, nur wusste ich das damals noch nicht. Aber nachdem es mir über vierzig Jahre hundsmiserabel gegangen war, änderte sich plötzlich alles. Und dann war es auch noch kinderleicht! Eine einzige Veränderung in meinem Leben machte aus der schwer depressiven, arbeitslosen und immer wieder zur Flasche greifenden alleinerziehenden Mutter, die ich war, die Inhaberin eines unabhängigen Verlags.

Ich erinnere mich noch an meinen ersten Selbstmordversuch. Ich lief tief verletzt und weinend ins Bad, holte sämtliche Medikamente aus dem Apothekenschränkchen und schluckte alles hinunter. Ich wollte nur noch sterben. Vermutlich wusste ich nicht einmal, was »Selbstmord« bedeutet, ich war erst neun Jahre alt. Aber ich wusste, dass man von solchen Pillen sterben kann, und das wollte ich.

Es folgten viele weitere Versuche – Medikamente, Pulsaufschneiden, Selbsterstickung. Einmal hielt ich mir sogar eine Pistole an den Kopf, aber meine Eltern kamen früher als geplant nach Hause, sodass ich die Waffe in ihre Nachttischschublade zurücklegte und schnell in mein Zimmer lief. Später, schon jenseits der Zwanzig, suchte ich Halt im Alkohol. Ich nahm Jobs an und gab sie wieder auf, ich ging Beziehungen ein und stieg wieder aus, und dabei zog ich auch noch ständig um. Mal stand ich finanziell ganz gut da, dann war ich wieder arbeitslos. Einmal kam es sogar zu einer Zwangsvollstreckung, die mich das Dach über dem Kopf kostete. Ich litt an heftigen Rückenschmerzen, meldete mich häufig krank und bekam Brustkrebs – und das waren noch die besseren Zeiten.

Vor zwei Jahren habe ich mich dann zur Verwirklichung meines Traums entschlossen, erzählende Texte mit psychologischem Hintergrund zu verfassen. Ich tat es, ich warf mich ganz aufs Schreiben, und meine Bücher liefen sogar recht gut. Dann saß ich eines Tages wieder mal am Computer, um mein sechstes Buch zu schreiben – und konnte mich nicht dazu überwinden.

Ich war müde und ausgelaugt, ich fühlte mich entsetzlich. Ich hatte meine Schriftstellerträume verwirklicht und war seelisch trotzdem wieder am Ende. Wie konnte das sein? »Das war's jetzt«, dachte ich und fiel in eine bodenlose Depression. Ich schlief viel, ich trank, ich war wie betäubt. Ich hielt mein Leben irgendwie in Gang, aber es war alles so fern und fremd. Als alleinerziehende Mutter zweier Mädchen konnte ich mir kaum das Leben nehmen, also kämpfte ich mich irgendwie weiter durch und erzählte meinen Lieben, was sie hören wollten – schließlich wusste ich nicht einmal selbst so recht, was mit mir los war.

Ich hatte mich schon einige Jahre mit dem Gesetz der Anziehung auseinandergesetzt, aber irgendetwas fehlte noch, und ich kam nicht dahinter, was das war. Nach ein paar Wochen traute ich mich allmählich an den Gedanken heran, dass die Schriftstellerei vielleicht doch nicht das war, was ich in diesem Leben zu tun hatte, um glücklich zu sein. Dieser Satz ging in mir um und um, und Teile verblassten nach und nach, bis nur noch »glücklich sein« übrig war. Ich wiederholte: »Glücklich sein, glücklich sein …« Ich dachte zurück an die vielen Male, die ich *The Secret* gesehen, gehört und gelesen hatte, an Rhonda Byrne mit ihrem »Sie müssen sich gut fühlen«.

Und jetzt dämmerte es mir endlich. War es vielleicht bei allen Dingen, die ich je versucht und verfolgt hatte, schon

immer einzig und allein darum gegangen, mich gut zu
fühlen? Und was hieß das überhaupt: mich gut fühlen?

Mir wurde klar, dass ich nie gelernt hatte, wie man glücklich
ist. Sicher, es gab Glücksmomente, aber Glück? Nein. Ich
jagte ihm nach, doch das war mir nicht bewusst. Jedenfalls
wusste ich in diesem Augenblick, dass ich lernen musste,
glücklich zu sein, und dass nur ich selbst es mir beibringen
konnte.

Ich schrieb mir zehn Dinge auf, die mich glücklich machen
und für die ich jeden Tag Platz in meinem Leben schaffen
würde. Es kam immer wieder etwas dazwischen, aber ich
ging trotzdem jeden Morgen meine Liste durch und stellte
mir vor, all das zu tun, selbst wenn es nur innerlich geschah.

Und ob Sie es glauben oder nicht, ich fing an, Glück zu empfinden. Dass ich mich jeden Morgen bejahend all der Dinge
vergewisserte, die mich glücklich machten, brachte mich
schließlich auf mein ganz eigenes Glück. Sobald ich mir bei-
gebracht hatte, seelisch und körperlich glücklich zu sein, zog
ich weitere schöne Dinge an, und da mich das glücklich
machte, zog ich noch mehr Schönes und noch mehr Glück
an.

Ich wünschte, ich könnte die Zeit zurückdrehen und der Neunjährigen, die ich einmal war, sagen: »Du brauchst diese Medikamente nicht zu nehmen, damit der Schmerz vergeht. Du kannst diese schrecklichen Gefühle wegschicken. Schreib eine Glücksliste, und alles wird gut. Es wird mehr als gut, es wird wunderbar.« Das geht natürlich nicht. Aber ich kann jetzt meine Geschichte erzählen, ich kann anderen sagen, dass nach über vierzig Jahren Unglück doch noch eine Wende eingetreten ist, weil ich selbst tatkräftig für mein Glück gesorgt habe und das Gesetz der Anziehung den Rest erledigte. Wenn alles, was ich durchgemacht habe, dem Zweck diente, dass ich jetzt diese Mitteilung machen kann, war es das wert.

Heidi C., Chico, Kalifornien, USA

Trainieren Sie sich auf Glück. Nehmen Sie sich Glück vor, wenn Sie am Morgen aufwachen. Legen Sie es darauf an, heute glücklich zu sein.

Einfach wünschen –
das kann schon genügen

DAS LEBEN IN EINEM GÜNSTIGEREN LICHT SEHEN

Tagein, tagaus fühlte ich mich wie in einem Sog der Verzweiflung, umgeben von lieblosen Menschen. Wie viele
andere beobachtete ich während der Finanzkrise die in Not
geratenen Menschen, ich sah ganze Stadtviertel verkommen
und spürte das um sich greifende Gefühl der Ausweglosig-
keit überall. Ich war in mancher Hinsicht besser dran, aber die
Gedanken verfolgten mich und führten mir immer mehr
Zeugnisse dieser Grundstimmung vor Augen.

Ich hatte vom Geheimnis gehört, belächelte es aber als reinen Unsinn. Ich sah das Buch zwar immer wieder im Laden,
ließ es jedoch stehen, weil ich es für Zeitverschwendung hielt.

Einmal traf ich zufällig eine Freundin mit ihrer fünfjährigen
Tochter. Wir plauderten ein paar Minuten, und als wir uns ver-
abschiedeten, sagte die Kleine: »Warte mal«, und winkte mich
zu sich herunter. Dann flüsterte sie: »Ich weiß ein Geheimnis.«
Ihre Mutter rief sie, und so erfuhr ich das Geheimnis nicht
mehr. Sie lächelte mir zu und sagte: »Tschüs.«

Um es kurz zu machen, ich habe das Buch gekauft und mir Mühe gegeben, ganz aufgeschlossen zu sein, auch für ein mögliches Umdenken. Natürlich hatte ich meine Zweifel, aber die erwiesen sich als eines jener Gebiete, auf denen ich umdenken musste.

Schon zwei Wochen später fühlte ich mich besser und sah das Leben anders.

Dann war ich einmal an einem herrlichen Herbstvormittag im Garten beschäftigt, betrachtete zufrieden mein Werk und genoss das Wetter. »So schön«, sagte ich und schloss einen Wunsch an, eine Bitte: »Zeig mir die Liebe in all dieser Schönheit.« Dann ging es weiter mit Ausputzen und Zurückschneiden.

Als ich fast fertig war, kam ein älteres Ehepaar an meinem Haus vorbei.

Die Frau sagte zu ihrem Mann: »Na los, frag ihn.«

Ich fragte: »Kann ich irgendwie behilflich sein?«

»Wir kommen jeden Tag hier vorbei und sind einfach hin und weg von Ihren Blumen«, gab der Mann zurück.

Jetzt griff die Frau in ihre Handtasche, holte eine Kamera heraus und fragte: »Können Sie ein Foto machen, wir vor Ihren Blumen?«

»Heute ist unser siebenundvierzigster Hochzeitstag«, erklärte der Mann, »und mir war einfach danach, Hand in Hand einen Spaziergang zu machen wie damals.« Dann fügte er hinzu: »Sollten Sie sich je verlieben, lassen Sie sie nie wieder los.«

Ich versuchte gar nicht erst, die aufsteigenden Tränen zu unterdrücken. Hier war reine Liebe, sie umgab die beiden – und mich.

Leben ist gut.

Liebe ist gut.

Ronnie R., New York, New York, USA

Seien Sie *jetzt* glücklich. Fühlen Sie sich *jetzt* gut. Wenn Ihnen von der Lektüre dieses Buchs nur das bleibt, ist die größte Wahrheit des Geheimnisses bei Ihnen angekommen.

Wir können völlig frei wählen, was immer wir wollen. Damit liegt die Macht in Ihren Händen, und Sie entscheiden, wie Sie sie in Ihrem Leben einsetzen werden.

Sie können sich gleich heute für ein glücklicheres Leben entscheiden – oder bis morgen warten.

Was fühlt sich besser an? Es ist Ihre Wahl.

The Secret – Das Praxisbuch für jeden Tag

Schlüssel zum Glück

- ☞ *Ein Glücksgedanke nach dem anderen, so ändern Sie Ihr Leben.*

- ☞ *Wenden Sie glücklichen Gedanken Ihre volle Aufmerksamkeit zu, während Sie Gedanken, mit denen kein Glücksgefühl verbunden ist, unbeachtet lassen.*

- ☞ *Je mehr positive Gedanken Sie denken, desto glücklicher werden Sie.*

- ☞ *Wenn Sie glücklich sind, ziehen Sie glückliche Menschen, Umstände und Ereignisse an.*

- ☞ *Was Ihr Glück verhindert, sind nicht Ihre Lebensumstände, sondern die Gründe, die Sie dafür anführen, dass Sie nicht glücklich sein können.*

- ☞ *Gehen Sie leidvollen Gedanken über Vergangenes nicht mehr nach. Die Beschäftigung mit alten Problemen bringt neue.*

☞ *Das Festhalten an negativen Gedanken ist der größte Unglücksbringer.*

☞ *Füllen Sie sich so mit guten und frohen Gedanken und Gefühlen an, dass kein Platz für Negatives bleibt.*

☞ *Setzen Sie zur Veränderung negativer Gedanken Geheimnis-Schalthebel ein.*

☞ *Halten Sie nach begrüßenswerten Dingen Ausschau, wenn Sie unabhängig von allem, was ringsum los sein mag, glücklich sein möchten.*

☞ *So etwas wie eine hoffnungslose Lage gibt es nicht.*

☞ *Üben Sie heute, glücklich zu sein. Ihre Zukunft hängt davon ab.*

☞ *Die Abkürzung zu einem köstlichen Leben:* jetzt *glücklich sein.*

Geld macht nicht glücklich –
aber Glück macht reich.

The Secret – Das Praxisbuch für jeden Tag

Das Geld-Geheimnis

Mit Gedanken der Fülle zu mehr Geld

Geldmangel ist mit starken Gefühlen verbunden, und das Gesetz der Anziehung sorgt bei solchen Gefühlen natürlich für noch mehr Knappheit. Um etwas anderes anzuziehen, müssen Sie die Waagschale Ihrer Fülle-Gedanken schwerer machen als die der Mangel-Gedanken. Denken Sie einfach mehr an Reichtum als an Mangel, das gibt den Ausschlag an Ihrer Waage.

GELD KOMMT LEICHT UND OFT!

Ich besuche eine sehr teure Privatuniversität, deren Studiengebühren sich auf vierzigtausend Dollar belaufen, dazu noch die allgemeinen Lebenskosten. Da ich aus einer wenig begüterten Familie stamme und von meinen Eltern nicht unterstützt werde, muss ich allein für alles aufkommen. Natürlich hatte ich mich um öffentliche Zuschüsse bemüht, und am Tag der Veröffentlichung der Zuteilungen für das kommende Jahr sagte ich mir gleich am Morgen beim Aufstehen: »Heute ist ein toller Tag, und das Geld kommt leicht und oft.« Aber als die Zuschüsse bekanntgegeben wurden, fand ich unter meinem Namen nur ungefähr fünftausend Dollar vor. Ich habe einen Teilzeitjob mit Mindestlohn, und es war völlig ausgeschlossen, dass ich die übrigen fünfunddreißigtausend Dollar würde aufbringen können.

Nun hatte ich aber *The Secret* gelesen und fing einfach an, Gott und dem Universum für die Begleichung meiner Studiengebühren zu danken. Dann sah ich auf meiner Facebook-Seite, was für triste Kommentare andere zu ihren Finanzbeihilfen abgaben, zum Beispiel: »Ade, Studium«, »Meine Ausbildung ist beendet« oder »Das ist einfach lächerlich, eine Zumutung!« ... Ich lächelte und dachte: »Wenigstens ich bekomme volle Kostendeckung.« Am

Nachmittag ging ich ins Büro für die Zuschussleistungen, wo ich erfuhr, dass ich eine E-Mail schicken konnte, um meine Zuteilung überprüfen zu lassen, was jedoch mindestens zwei Wochen dauern würde.

Anschließend führte ich mit anderen Gespräche über Stipendien und Zuschüsse beim Kunststudium (meinem Fach), sagte aber nichts Kritisches über die Hochschule oder meinen Zuschuss. Ich wollte mich einfach nur umhören und empfand im Übrigen Dankbarkeit und Liebe. Ich dankte Gott für seine Hilfe bei den Studiengebühren und sagte immer wieder lächelnd: »Geld kommt leicht und oft.«

Wieder daheim, setzte ich meine E-Mail an das Zuschussbüro auf, wollte mich dann aber noch einmal des genauen Betrags vergewissern, der bereits genehmigt war; ich hatte so etwas wie 5150 oder 5200 Dollar in Erinnerung. Sie können sich nicht vorstellen, was ich vorfand, als ich die betreffende Seite noch einmal am Computer öffnete. Jetzt stand etwas anderes da, obwohl die Summe zuvor als »endgültiger Zuschuss« bezeichnet worden war. Jetzt stand da ein Betrag, der die Studiengebühren des kommenden Jahres voll deckte. Es blieb sogar ein Überschuss, den ich für meine Miete verwenden konnte.

Ich habe schon früher mit dem Geheimnis gearbeitet, aber es waren immer auch unproduktive Gedanken beteiligt gewesen: wie es sein könne, dass ich immer pleite war, wenn ich doch so viel arbeitete und so gute Noten bekam. Heute habe ich das Gefühl, dass ich alles schaffe, dass ich wirklich gut bin und mir alles zusteht. Was ich erlebt habe, sollte jeden überzeugen.

Chelsea, San Francisco, Kalifornien, USA

Hilfsmittel für den Glauben an Reichtum

Hilfsmittel oder »Stützen« können nützlich sein, wenn es darum geht zu glauben, dass wir das Gewünschte tatsächlich bekommen werden. Sie erinnern sich vielleicht an die Geschichte von Enny im ersten Kapitel, die zu diesem Zweck einen Scheck der »Bank des Universums« verwendete. Das ist eines der Hilfsmittel, die das Team von *The Secret* bereitstellt, um Ihren Glauben zu stützen. Sie können sich solch einen Scheck der Bank des Universums kostenlos herunterladen unter www.thesecret.de/down-loads.php. Die Bank des Universums hat unbegrenzte Mittel, die auch Ihnen zur freien Verfügung stehen – Sie können also einen Scheck in beliebiger Höhe auf Ihren Namen ausstellen. Bringen Sie ihn so an, dass Sie ihn jeden Tag sehen, dann fällt es Ihnen leichter zu glauben, dass Sie das Geld bereits *haben*. Fühlt sich das nicht großartig an? Sagen Sie sich, dass es Ihnen bereits gehört, denn wenn Sie wünschen und glauben, ist es tatsächlich so.

Denken Sie daran: Das Gesetz der Anziehung weiß nicht, ob Sie etwas nur vorgeben oder ob es echt ist. Wenn Sie also so tun als ob, müssen Sie es als echt empfinden. Sobald sich Ihre Vorspiegelung allmählich echt anfühlt, werden Sie wissen, dass Sie das Gewünschte erfolgreich in Ihre Wirklichkeit integrieren.

The Secret – Das Praxisbuch für jeden Tag

MEIN FETTER SCHECK

Ich glaube an das Geheimnis, seit ich den Film *The Secret* gesehen habe, und ich gebe es weiter, wo ich nur kann. Es hat mein Leben völlig umgekrempelt. Als die Beziehung zu meinem Verlobten in die Brüche zu gehen und die private Insolvenz drohte, sodass ich wieder bei meinen Eltern einziehen musste, dachte ich, mein Leben sei zu Ende. Das änderte sich mit dem Geheimnis, insbesondere mit dem Blankoscheck, den ich herunterladen und mir ausdrucken konnte.

Ich hatte schon in den Jahren zuvor sogenannte »Neumondschecks« der Fülle ausgestellt und manchmal auch ein bisschen was davon gehabt, je nachdem, wie stark ich an sie glaubte. Nachdem ich dann *The Secret* gesehen und den Scheck der Bank des Universums gefunden hatte, sagte ich mir, dass ich es damit versuchen würde. Ich trug einen Betrag ein, von dem ich mir nur mit großer Mühe vorstellen konnte, dass ich ihn je bekommen würde, fünfundfünfzigtausend Dollar. Ich weiß nicht, wie ich gerade auf diese Summe kam, aber jetzt stand sie da. Ich hängte den Scheck an die Kork-Pinnwand in meinem ehemaligen Kinderzimmer, da würde ich ihn jeden Abend beim Einschlafen und jeden Morgen beim Aufwachen sehen.

An manchen Tagen gelang es mir zu fühlen, dass dieses Geld zu mir finden würde, aber es gab auch Tage, an denen ich mich auslachte (und die sorgten wohl dafür, dass es so lange dauerte).

Dann verlor ich auch noch meinen Job, meine Mutter wurde sehr krank, und mit der Beziehung zu meinem früheren Verlobten sah es finster aus. Als ich schon dachte, dass es schlimmer kaum noch kommen konnte, erhielt ich Post von einem Verwandten und erfuhr, dass ich fünfzigtausend Dollar erben würde.

Das war weit jenseits des Vorstellbaren für mich, ich fühlte ein Schwellen in der Brust, als würde es mich zerreißen, so groß war die Freude. Auf einen Schlag war ich meine Schulden los und konnte noch Geld anlegen und meine Ausbildung fortsetzen. Als Nächstes möchte ich eine Immobilie als Renditeobjekt und zum Aufbau meiner eigenen Firma erwerben.

Mrs. Abundant, Ottawa, Ontario, Kanada

Eine Visionstafel für Reichtum kreieren

Eine Visionstafel ist ein Werkzeug, das Ihnen hilft, ein geistiges Bild dessen zu erschaffen, was Sie sich wünschen. Beim Betrachten Ihrer Visionstafel prägen Sie sich das Bild des Gewünschten ein. Während Sie sich auf Ihre Visionstafel konzentrieren, regt sie Ihre Sinne an und weckt ein positives Gefühl in Ihnen. Dann arbeiten beide Elemente der Schöpfung – Ihr Geist und Ihre Gefühle – mit voller Kraft.

The Secret – Das Praxisbuch für jeden Tag

Natalie benutzte, wie sie in der folgenden Geschichte erzählt, eine Visionstafel, um sich auf das zu konzentrieren, was sie in ihr Leben ziehen wollte. Unter den Dingen an dieser Visionstafel war auch ein Scheck der Bank des Universums. Wie Sie sehen werden, bekam Natalie genau das, was sie wollte – nur dass ihr erst nach langem Verzug bewusst wurde, was sie sich überhaupt gewünscht hatte.

AUFPASSEN BEIM DATUM!

Ich erfuhr 2009 von *The Secret*, als ich im Irak eingesetzt war. Ich hatte mir einen E-Book-Reader bestellt und konnte das Buch herunterladen. In zwei Tagen hatte ich es durch. Mir ging ein Licht auf, wie man so sagt. Ich hatte schon lange gebetet, Gott möge mir Antworten schicken; ich glaubte, dass Gott reine Liebe ist und mir ein Leben der Fülle zugedacht hat, aber irgendwie schlug nichts so richtig an. Es musste da etwas geben, was ich übersah, und jetzt betete ich, er möge mich darauf aufmerksam machen.

Für den Anfang zog ich kleinere Dinge an, dann immer größere, zum Beispiel eine gut bezahlte Arbeit im zivilen Bereich, drei satte Gehaltserhöhungen und die Liebe meines Lebens. Als ich das Gefühl hatte, dass mir das Anziehen von erwünschten Dingen geläufig geworden war, stellte ich mich auf die größte Geldsumme ein, die mir realistischerweise denkbar erschien. Ich setzte mich also hin und stellte mir die Frage: »Wie viel Geld möchte ich tatsächlich haben?« Ich blieb eine Weile still sitzen, bis mir innerlich eine Zahl erschien. Ich wusste: Diese Summe sollte ich mir wünschen.

Am Neujahrstag 2010 legte ich mir eine Visionstafel für alles an, was ich in diesem Jahr anziehen wollte. Ich druckte mir den Blankoscheck der Bank des Universums aus und füllte ihn aus. Am Ende des Jahres hatte ich alles angezogen, was auf meiner Tafel stand, nur eben die große Geldsumme nicht.

Also übertrug ich diesen Scheck auf meine Visionstafel für 2011 und setzte auch meine Fantasie-Einkaufstouren fort. Ich überlegte mir, wie ich das viele Geld ausgeben und wem ich damit helfen würde. In diesem Jahr war es wieder so, dass ich alles außer dem Geld anzog.

Auch 2012 verging, und gegen Ende des Jahres sah ich mir meine Visionstafel an. Erneut war es so, dass sich so gut wie alle Wünsche erfüllt hatten, aber das große Geld blieb weiterhin aus. Ich sagte mir, das Universum werde liefern, sobald ich wirklich bereit sei. Ich sprach weiter meine Affirmationen, ich meditierte und las die Erfolgsgeschichten, die auf der Website von *The Secret* gepostet wurden.

Und heute kann ich sagen, dass am nächsten Silvester *alles* von meiner Visionstafel abgenommen wurde, weil ich tatsächlich ausnahmslos alles angezogen habe, auch diesen wirklich gewaltigen Geldbetrag. Wieso jetzt? Es kam mir so vor, als wollte sich jemand einen Scherz mit mir erlauben. Nun, jedenfalls ging es darum, eine neue Visionstafel für

2013 anzulegen, und als ich den alten Scheck abnahm, fiel mir plötzlich auf, dass er auf den 31. Dezember 2012 datiert war!

Ich erinnere mich nicht, wie es zu dieser Datumswahl kam, vielleicht ein Schreibfehler. Jedenfalls führte das Universum alles getreulich aus, wie es dastand. Ich denke, das Universum wird außerdem gewusst haben, was es tat, denn denkbar ist ja auch, dass ich zum Zeitpunkt der Anforderung dieses Geldes noch etwas unreif war und es verprasst oder fehlinvestiert hätte. Inzwischen jedenfalls hatte ich meine Finanzen fest im Griff und war besser für das große Geld gerüstet.

Wünschen. Glauben. Bekommen. Das Universum hört stets zu und liefert immer.

Seid alle gesegnet, ich bin es auch.

Natalie F., Savannah, Georgia, USA

Mit Dankbarkeit
zur Wunscherfüllung

Wenn Sie sich vom Universum etwas wünschen, sei es Geld
oder sonst etwas, müssen Sie glauben, dass Sie es bereits
haben, und da Sie es glauben, empfinden Sie Dankbarkeit.
Seien Sie also dankbar, *bevor* das Gewünschte tatsächlich
bei Ihnen eingetroffen ist.

Indem Sie die Kraft der Dankbarkeit auf einen unbefriedi-
genden Zustand richten, werden neue Bedingungen
geschaffen, die den alten Zustand bereinigen. Wenn Sie also
Dankbarkeit für Geld empfinden können, das noch gar
nicht da ist, entstehen neue Rahmenbedingungen, die den
Mangel beseitigen und Ihnen Geld zukommen lassen.

EINE UNGLAUBLICHE ÜBERRASCHUNG

Im Dezember 2007 konnte ich den Vorstand der gemeinnüt-
zigen Einrichtung, deren Geschäftsführer ich bin, von der
Notwendigkeit des Kaufs eines neuen Gebäudes für unsere
Organisation überzeugen. Ich fand ein Haus, an dem erst
einmal eine Menge zu tun war, sodass wir einen Kredit auf-

nehmen mussten. Das war für uns alle ziemlich beunruhigend, aber wir glaubten einfach an unsere Sache und machten uns ans Werk.

Etwas später, um die Weihnachtszeit, waren meine Frau und ich mit dem Wagen unterwegs, und es kam zu einem Unfall, nach dem unser Auto schrottreif war – weit weg von zu Hause.

Etliche Freunde hatten uns immer wieder ans Herz gelegt, *The Secret* zu lesen, und mit diesem Unfall war nun ganz klar, dass wir etwas anzogen, was wir überhaupt nicht wollten. Das musste sich ändern, also kauften wir gleich die Hörbuchausgabe von *The Secret* und hörten sie uns bei der Heimreise an. Mich sprach vor allem die Idee des Dankbarkeitstagebuchs an, weshalb ich bei nächster Gelegenheit zwei Notizbücher für meine Frau und mich kaufte.

Am 1. Januar 2008 notierte ich auf der ersten Seite all die dankenswerten Dinge, die ich bereits hatte. Die nächste Seite bekam die Überschrift »Dankbarkeits-Intentionen«, und da schrieb ich auf: »Ich bin so dankbar für die fünfundsiebzigtausend Dollar, die meine Hilfsorganisation am 31. März 2008 für das neue Gebäude bekommen wird.« Da ich das am 1. Januar schrieb, lässt der Gebrauch des Präsens erkennen, dass ich mich für einen noch nicht empfangenen Geldsegen bedankte.

Am 15. März meldete sich eine Stiftung bei mir mit der Mitteilung, man habe von unseren Plänen für ein neues Gebäude erfahren und sei bereit, uns zu unterstützen. Weiter wurde ich gebeten, ein Treffen mit dem Vorstand unserer Organisation am 25. März zu organisieren, damit man die Dinge im Einzelnen besprechen konnte. Beachten Sie, dass wir uns nicht an diese Stiftung gewandt hatten, sondern der Kontakt von dort ausging. Jedenfalls fand das Treffen am 25. März statt, und in seinem Verlauf erhielten wir ein Schriftstück, aus dem hervorging, dass die Stiftung den Renovierungskredit für unser neues Gebäude übernehmen würde, damit wir uns weiterhin auf unsere eigentliche Tätigkeit konzentrieren konnten. Noch erstaunlicher war der für die Zahlung der Förderungssumme von fünfundsiebzigtausend Dollar vorgesehene Termin: der 31. März.

Zane G., Pueblo, Colorado, USA

Wenn wir nicht dankbar sind für das, was wir haben, können wir nichts anziehen. Wenn jemand zutiefst und vollkommen dankbar für alles wäre, bräuchte er tatsächlich nie um etwas zu bitten, denn es wäre ihm schon zuteilgeworden, bevor er danach gefragt hätte.

The Secret – Das Praxisbuch für jeden Tag

GELD VOM HIMMEL

Mein Freund und ich leben in einer Hochhaus-Eigentumswohnung mitten in Atlanta. Durch *The Secret* kam ich auf den Gedanken, mich jeden Morgen eine Weile auf meinen Balkon zu stellen und für alles Dank zu sagen, was wir haben.

Einmal fand ich am Morgen einen Penny auf dem Balkon. Ich sagte mir, es sei besser, ihn liegen zu lassen. Dann lagen ein paar Monate später plötzlich etliche Eindollarscheine über den Balkon verstreut, sieben insgesamt. Ich sah mich um und stellte fest, dass auf vielen anderen Balkonen ebenfalls Dollarscheine lagen.

Einen Monat später war ich einmal schon sehr früh auf, es war noch dunkel, und sah wieder zwei Geldscheine auf dem Balkon liegen. Draußen konnte ich sie nicht erkennen, aber drinnen stellte sich heraus, dass es zwei Zwanzigdollarscheine waren! Ich war ganz aufgeregt und forschte nach, ob auch auf anderen Balkonen wieder Scheine lagen. Das war nicht der Fall, aber auf meinem eigenen Balkon fand ich weitere drei Zwanzigdollarscheine, davon einen im Blumenkasten. Da war ich auf einmal um hundert Dollar reicher und staunte nicht schlecht. Sonst lag nirgendwo Geld, und es war auch nichts zu hören, dass irgendwem Geld fehlte. Ein echter Geldsegen!

Wieder eine Woche später hatte ich einen Traum, in dem eine bestimmte dreistellige Zahl vorkam. Ich nehme sonst nicht an Glücksspielen und Lotterien teil, aber jetzt sagte ich zu meinem Freund, dass wir diese drei Zahlen wohl spielen sollten. Das ist für mich ein wirklich ungewöhnlicher Vorschlag. Meine Zahlen kamen an diesem Tag nicht, aber wir spielten sie noch ein paar Tage weiter – und wahrhaftig, dann kam genau diese Kombination, die ich gesehen hatte. Zweihundertneunzig Dollar, das fand ich doch sehr beachtlich. Danach wurde mir in einer E-Mail angekündigt, dass ich Geld aus einer Sammelklage zu erwarten hatte, von der ich nichts wusste. Ich brauche nichts weiter zu tun, sondern warte jetzt einfach auf das Geld.

Kein Zweifel, das Geheimnis wirkt! Und Dankbarkeit ist entscheidend wichtig. Ich erwarte jederzeit mehr, immer wieder.

Meine Segenswünsche für alle!

Pat M., Atlanta, Georgia, USA

»Geld wächst nicht auf Bäumen«, heißt es, aber für den, der wahrhaft dankbar ist, kann es geradezu vom Himmel fallen.

Stellen Sie sich Ihre Wünsche bildhaft vor

Wenn Sie mehr Geld anziehen möchten, schreiben Sie auf, was Sie davon kaufen werden. Umgeben Sie sich mit Bildern der Gegenstände, die Sie gern hätten, und empfinden Sie dies stets so, als hätten Sie sie bereits. Stellen Sie sich vor, sie mit den Menschen zu teilen, die Sie lieben, und malen Sie sich aus, wie glücklich sie sind.

The Secret – Das Praxisbuch für jeden Tag

Schränken Sie sich nicht unnötig ein mit dem Gedanken, Sie könnten sich Ihren Wunsch nur mit Geld erfüllen. Lassen Sie das Geld nicht Ihr einziges Ziel sein, sondern zielen Sie auf das, was Sie sein, tun oder haben möchten. Schicke Kleidung, Gerätschaften oder ein Auto, Hochschulstudium oder in einem anderen Land leben – einerlei, was Sie sich wünschen, stellen Sie es sich vor! All das kann auf ganz unterschiedlichen Wegen zu Ihnen kommen.

WIE UNS DAS GEHEIMNIS BEWEGTE–BUCHSTÄBLICH

Meine Familie hat vierzehn Jahre in ein und demselben Haus gewohnt, und wir waren da gar nicht glücklich. Teure Reparaturen wären notwendig gewesen, aber vor allem wollten wir weg aus dieser bedrückenden Gegend. Es war schlimm, eine wirklich ungute Umgebung. Ich ging viel lieber zur Arbeit, als mich in diesem Haus aufzuhalten, das wie ein schwarzes Loch der Schwermut war. Und all die Jahre sagten wir uns immer wieder: »Hier kommen wir niemals weg, wer will schon so ein Haus kaufen? Wir können uns keinen Umzug leisten.« Nichts wussten wir. »Euer Wunsch ist mir Befehl«, sagt das Universum, und mit solchen trüben Gedanken behinderten wir uns nur selbst.

Wir hatten aber ein Auge auf ein Haus geworfen, das ganz und gar nicht unsere Preisklasse war, als es erstmals angeboten wurde. Mein Mann jedoch wirkte fest entschlossen. Er deutete darauf und sagte: »Das wird unser Haus.«

Irgendwann sahen wir uns alle zusammen *The Secret* an, und damit begann eine drastische Wende unseres Lebens. Zu viert brachten wir die Kräfte des Geheimnisses ins Spiel, und natürlich wussten wir jetzt auch, wie wir uns das Leben in diesem Haus bildhaft vorstellen mussten: wo unsere neuen Möbel hinkämen, wie der Blick von drinnen wäre, wie wir alles gestalteten, was wir kochten und wie der Essensduft durchs Haus zöge – und weiter dann, wie wir seelenruhig auf der Terrasse säßen, den Garten anlegten, den Nachbarn zuwinkten. Wir fühlten, wie es sich da anfühlte. Wir glaubten, dass wir bereits dort wohnten.

Und es dauerte tatsächlich kaum fünf Wochen, bis es so weit war. Wir stellten unser Haus zum Verkauf, wie es war, und zwei Tage darauf lag bereits ein Angebot vor, das annähernd unserer Preisforderung entsprach. Andererseits stand unser Traumhaus inzwischen eineinhalb Jahre zum Verkauf, und der Preis war drastisch gesunken. Wir kamen problemlos an ein Immobiliendarlehen und verfügten jetzt sogar über finanziellen Spielraum für neue Möbel.

Heute kann ich es kaum erwarten, nach Hause zu kommen. Ich gehe sogar zum Mittagessen heim. Ich danke Gott jeden Tag und genieße jede Minute in diesem Haus. Wir sind alle rundum glücklich.

Gina, Plymouth, Pennsylvania, USA

Gina und ihre Familie legten ihre Visualisationen optimal an, nämlich so, dass alle Sinne beteiligt waren. Sie sahen ihr Traumhaus nicht nur, sondern fühlten es und rochen es sogar. Wenn Sie möglichst viele Sinne in Ihre Visualisation einbeziehen, zeigen Sie damit, dass Sie wirklich an das Vorgestellte glauben, und damit beschleunigen Sie die Verwirklichung enorm.

PESSIMISMUS ADE

Ich war immer schon pessimistisch, bildete mir aber ein, ich sei einfach nur realistisch. Zwar sah ich stets beide Seiten der Geschichte, aber dann neigte ich doch zum Abwinken und betrachtete das Wünschenswerte als zu schön, um wahr zu sein.

Von Kindheit an habe ich mir ein abenteuerliches Leben mit Reisen von Land zu Land erträumt. Ich sah mir die Fotos von alten Kulturdenkmälern, Tempeln und sonstigen Sehenswürdigkeiten in meinen Schulbüchern an und begeisterte mich an der Vorstellung, all die Dinge in natura zu sehen.

Später kamen dann Studium und Bürojobs, die ich ermüdend, wenn nicht zermürbend fand. »Das kann doch nicht alles sein«, dachte ich, »den ganzen Tag mit Telefon und Computer in einer Bürozelle zu verbringen?« Ich genoss die kleinen Pausen, in denen ich immer nach draußen ging, um mich auf eine Bank zu setzen und von Weltreisen zu träumen.

Irgendwo tief innerlich wusste ich, dass es dazu kommen würde, ich sah mich an exotischen Schauplätzen arbeiten, immer unterwegs. Aber ich hatte keine Ahnung, wann sich mein Wunsch erfüllen würde.

Ich las *The Secret* und setzte das Gelernte nach und nach in die Praxis um. Schließlich kündigte ich meine Stelle, aber nach wenigen Monaten sank mir der Mut, offenbar wollte niemand mich als Weltreisende beschäftigen. Dann erzählte mir eine ebenfalls arbeitslose Freundin von einem Job, den eine frühere Kollegin ihr angeboten hatte. Er bestand darin, dass man auf verschiedenen Kreuzfahrtschiffen mitfuhr und private

Modenschauen für betuchte Interessenten veranstaltete sowie hochwertigen Schmuck verkaufte. Sie hatte kaum ausgeredet, als ich auch schon herausplatzte: »Das ist mein Traumjob!«

Bereits einen Monat später war ich auf meiner ersten Kreuzfahrt. Alles, wofür andere viel Geld ausgeben, hatte ich umsonst. Ich hatte in Passagierkabinen zu tun, mischte mich unter die Leute, trug teuren Schmuck, und das war meine *Arbeit*! In den Häfen hatte ich immer frei, und so lernte ich ganz Süd- und Mittelamerika, die Karibik und das Mittelmeer kennen. Und tatsächlich sah ich jetzt viele der Sehenswürdigkeiten aus meinen Schulbüchern. Ich war sogar in Ägypten und habe die Pyramiden besichtigt.

Was mich endgültig vom Geheimnis überzeugte, war ein Wunsch, den ich in Ägypten an das Universum richtete. Ich wünschte mir eine bestimmte Summe an Verkaufsprovisionen, aber es sollte kein glatter Betrag sein, sondern eine Zahl, die ich mir gut merken konnte: 5432 Dollar. Jeden Tag und jeden Abend dachte ich an diesen Betrag und visualisierte einen entsprechend ausgestellten Scheck. Und was bekam ich? 5400 Dollar. Seitdem glaube ich felsenfest an The Secret.

Angie, Fort Lauderdale, Florida, USA

Handeln Sie Ihren Wünschen entsprechend

Wenn Sie etwas anziehen möchten, ist es wichtig, dass Ihr Handeln diesem Wunsch nicht widerspricht. Vergegenwärtigen Sie sich ganz genau, was Sie möchten, und dann sorgen Sie dafür, dass Ihr Handeln eine Art Spiegelbild dessen ist, was Sie wollen und erwarten. So schaffen Sie Raum für Ihre Wünsche und senden starke Erwartungssignale.

WIE MAN EINE WOHNUNG VERKAUFT

Nachdem ich bei meinem Freund eingezogen war, habe ich meine eigene Wohnung vermietet; und als mein Mieter auszog, fand ich es an der Zeit, die Wohnung zu verkaufen. Sie hatte ganz schön an Wert gewonnen, seit ich sie gekauft hatte, und mein Freund war auch der Meinung, wir sollten sie verkaufen und dann gemeinsam Eigentümer seiner Wohnung werden.

Ich war ganz zuversichtlich, dass es schnell gehen würde. Ich hatte seit Beginn des Jahres mit dem Geheimnis gearbeitet und dachte mir, ich müsse nur mit genügend Nachdruck wünschen. Dann verging aber Woche für Woche, und es fanden sich keine ernsthaften Interessenten. Ich durchstöberte die Website von *The Secret* nach Inspirationen und stieß auch auf den entscheidenden Impuls: Mein Verhalten entsprach nicht meinem Wunsch. Ich wollte die Wohnung verkaufen, unternahm aber nichts, was diesem Wunsch Nahrung gab. Ich war seit dem Auszug meines Mieters nicht einmal mehr dort gewesen, weil ich das als irgendwie lästig sah – und natürlich blieb das Ganze dann eine Last.

Das war jetzt also geklärt. Ich ging in meine alte Wohnung und kümmerte mich darum, dass sie auf potenzielle Käufer ansprechend wirkte. Außerdem sprach ich mit mehreren weiteren Immobilienmaklern, um mich zu vergewissern, dass sie zum richtigen Preis angeboten wurde.

Besonders ansprechend fand ich den *Secret*-Tipp, sich alles zu vergegenwärtigen, was man an der alten Wohnung gemocht hat, sich zu bedanken und schließlich den neuen Besitzer zu visualisieren, wie er glücklich dort lebte. Jetzt saß ich also in meiner alten Wohnung, bedankte mich bei jedem Zimmer für die schönen Erinnerungen, erklärte, weshalb ich verkaufen wollte, und hatte ganz klare Bilder eines Käufers, der die Wohnung toll fand und sie unbedingt haben wollte.

Ein weiterer »Verkaufstrick« bestand darin, dass ich die Schlüssel in der Hand hielt, mir die Übergabe an den neuen Besitzer vorstellte und mich anschließend für den Verkauf bedankte. Es war ein Gefühl, als hätte ich mich jetzt von der Wohnung gelöst und als sei sie bereits verkauft.

Das setzte ich ein paar Wochen so fort, und auf einmal gab es trotz der Krise im Immobilienmarkt mehrere Angebote. Am Ende bekam ich sogar mehr, als ich erwartet hatte. Und als ich schließlich ein definitives Angebot hatte, dachte ich: »Ich wünsche mir wirklich, dass der Käufer die Möbel übernimmt.« Und tatsächlich, er wollte sie haben.

Mein Freund ist inzwischen mein Mann, und jetzt möchten wir die gemeinsame Wohnung verkaufen und in ein Haus umziehen, weil wir ein Kind erwarten. All das habe ich mit der Anwendung der Geheimnis-Prinzipien nach Kräften gefördert!

Rebecca, London, England

Im nächsten Bericht sehen wir, wie die Mitglieder einer Band namens »Bracken« ihre Wünsche tatkräftig unterstützten, als ein Konzert bevorstand, bei dem sehr wenig Publikum zu erwarten war.

VOR LEEREN STÜHLEN?

Ich spiele in der Celtic-Band »Bracken«. Inzwischen sind wir schon etwas bekannter, aber in der Zeit, von der ich hier erzähle, war das noch nicht so. Wir planten ein Benefizkonzert in einer Kleinstadt. Wir hatten uns mit einer anderen Band zusammengetan, mit der wir auch künftig gern auftreten wollten, und jetzt hatten wir Angst, dass keiner kommen würde. Wir hatten es in dieser Ortschaft auch früher schon versucht, aber es kamen nur vier Leute, höchstens. Außerdem waren für denselben Abend etliche andere größere Events in dieser Gegend angekündigt. Wir hatten Geld in die Sache gesteckt, und das Ganze war als Benefizkonzert für die Ortsfeuerwehr angekündigt, es stand also einiges auf dem Spiel.

Eine Woche vor dem Termin waren gerade einmal sechs Karten verkauft. Ich hatte diese winzige Zuhörerschaft vor Augen und wusste, dass ich meinen Gedanken schnellstens eine andere Richtung geben musste. Ich betete darum, an größeren Zustrom *glauben* zu können. Ich beschloss, selbst in diesen Ort zu fahren und weitere Plakate aufzuhängen, obwohl andere Bandmitglieder da schon fleißig gewesen waren. An einem regnerischen Vormittag fuhr ich hin. Aber ich hängte nicht nur Plakate auf, sondern bestrahlte alles mit meiner Erwartung, dass die Leute kommen würden.

Am Tag des Auftritts waren immer noch nur sechs Karten verkauft. Wir stellten sechsundneunzig Stühle auf, und einer von uns lachte bei der Vorstellung, vor all den leeren Stühlen zu spielen. Ich sagte: »Wir werden noch mehr Stühle brauchen«, und war wirklich davon überzeugt.

Eine Stunde vor Beginn strömten immer mehr Leute herein. Alle Stühle waren besetzt, und ein paar Zuhörer standen sogar. Es wurde ein toller Abend, und für die Feuerwehr kam Geld zusammen. Ich kann nur sagen: magisch.

Kathy B., San Francisco, Kalifornien, USA

Wenn Sie im Sinne des Anziehens und Bekommens handeln, haben Sie das Gefühl, mit dem Strom zu schwimmen. Es fühlt sich mühelos an. So empfindet man inspiriertes Handeln, man ist eins mit dem Fluss des Lebens und des Universums.

Denken Sie gute Gedanken.

Sprechen Sie gute Worte.

Tun Sie Gutes.

Diese drei Schritte werden Ihnen mehr Gutes bringen, als Sie sich je vorstellen können.

The Secret – Das Praxisbuch für jeden Tag

Schlüssel zum Wohlstand

☞ *Sie können nicht* mehr *von etwas anziehen, wenn Sie seinen Mangel im Auge haben. Wollen Sie mehr Geld, richten Sie sich auf Fülle aus.*

☞ *Verschieben Sie den Schwerpunkt Ihrer Gedanken Zug um Zug vom Geldmangel hin zu Geld in Hülle und Fülle.*

☞ *Schreiben Sie alles auf, was Sie mit dem Geld kaufen oder machen werden.*

☞ *Malen Sie sich Szenen aus, in denen Sie Geld für Ihre Wünsche ausgeben. Sagen Sie sich:* »*Ich kann mir das leisten.*«

☞ *Konzentrieren Sie sich nicht ausschließlich aufs Geld, sondern auf das, was Sie sein, tun und haben möchten.*

☞ *Legen Sie sich eine Visionstafel an, die Sie mit lauter Bildern Ihres Wunschlebens behängen.*

☞ *Es wird Ihrem Glauben auf die Sprünge helfen, wenn Sie sich einen Scheck der Bank des Universums herunterladen (www.thesecret.de/downloads.php).*

☞ *Stimmen Sie Ihr Verhalten auf das ab, was Sie wünschen und erwarten.*

☞ *Wir können nichts anziehen, wenn wir nicht dankbar sind für das, was wir haben.*

☞ *Dankbarkeit ist Reichtum. Seien Sie dankbar für das, was Sie sich wünschen – schon vor seinem Eintreffen.*

☞ *Glück bringt Geld.*

Falls die Beziehung zu einem bestimmten Menschen in Ihrem Leben unerfreulich ist, nehmen Sie sich jeden Tag ein paar Minuten Zeit, um aus vollem Herzen Liebe für ihn zu empfinden, und senden Sie Ihre Liebe ins Universum hinaus. Schon diese eine Maßnahme hilft, den Groll, die Wut oder die negative Einstellung ihm gegenüber abzubauen. Vergessen Sie nie: Wenn Sie Groll, Wut oder andere schlechte Gefühle empfinden, üben Sie eine Anziehungskraft auf genau diese Gefühle aus. Wenn Sie Liebe empfinden, ziehen Sie Liebe an. Was Sie für einen anderen Menschen empfinden, das holen Sie auch in Ihr eigenes Leben.

The Secret – Das Praxisbuch für jeden Tag

Wie das Geheimnis Beziehungen knüpft und verbessert

Die höchste und stärkste Gefühlsregung überhaupt ist die Liebe. Dieses Gefühl allein, Liebe, kann alle Beziehungen in Ihrem Leben verwandeln. Unsere Liebesfähigkeit ist grenzenlos, und wer liebt, befindet sich in vollkommenem Einklang mit dem Universum. Lieben Sie, wo immer und wen auch immer Sie können. Richten Sie sich nur auf Dinge aus, die Sie lieben, fühlen Sie Liebe, und Sie werden erleben, dass ein Vielfaches an Liebe und Freude zu Ihnen zurückkommt.

Den perfekten Partner anziehen

Den perfekten Partner anziehen – auch hier kommt es darauf an, dass Ihr Verhalten zu Ihren Erwartungen passt. Das bedeutet, dass Sie sich *jetzt* so geben müssen, als lebten Sie bereits in dieser Beziehung.

MEIN AUFRUF AN ALLE EINSAMEN FRAUEN

Ich war siebenundzwanzig und lebte zu der Zeit schon über drei Jahre als alleinerziehende Mutter. Ich fühlte mich wirklich einsam und wünschte mir sehnlichst einen guten, liebevollen Mann. Nachdem ich ein paar richtige Blödmänner angezogen hatte, schrieb ich die Partnersuche ab und fügte mich ins Alleinsein.

Dann war ich einmal in London auf der Suche nach einer bestimmten Adresse unterwegs und kam zufällig an einem Geschäft für Brautmode vorbei. Ein Kleid im Schaufenster tat es mir ganz besonders an, sodass ich den Laden betrat, um es mir genau anzusehen. Die Verkäuferin meinte, ich solle es unbedingt anprobieren. Es saß wie angegossen und stand mir so gut, dass ich es kaufte. Erst draußen wurde mir ganz bewusst, dass ich ohne die geringste Aussicht auf einen

Heiratsantrag ein Brautkleid erworben hatte. Ich hatte ja nicht mal einen Freund, und das schon seit Jahren nicht. Ich kam mir ein bisschen dumm vor.

Ich setzte meine Suche nach dieser Adresse fort und wurde von einem ungefähr gleichaltrigen Mann angesprochen, der dieselbe Adresse suchte. Er sah aus wie der Schauspieler Michael Ealy, dessen Foto ich als Bildschirmhintergrund auf meinem Computer hatte. Wir suchten gemeinsam weiter, und es kam alles, wie es kommen musste.

Vier Monate später zogen wir zusammen, und jetzt sind wir verheiratet. Noch heute kommt mir das alles so unwirklich vor. Wir lachen viel miteinander, er liebt mich, ich liebe ihn. Er hat alles, was ich mir je gewünscht habe – ich weiß keine Worte für meine Gefühle.

Nun will ich bestimmt nicht jeder einsamen Frau raten, sich ein Brautkleid zu kaufen, aber ich rufe euch allen zu: *Glaubt!*

Zee, London, England

Zee handelte beim spontanen Kauf des Brautkleids so, als gäbe es bereits einen Hochzeitstermin, auch wenn es überhaupt nicht danach aussah und nicht zu erkennen war, wie es dazu kommen sollte. Der Kauf war etwas wie die »Zusicherung«, *dass* es geschehen würde, und so konnte das Universum ihr nur das Gewünschte bereitstellen – den Mann, den sie heiraten würde.

Was könnten Sie *tun*, um zu bekräftigen, dass Sie den perfekten Partner bereits haben?

Wäre es denkbar, im Kleiderschrank Platz für die Sachen des Partners zu schaffen? Oder den Tisch für zwei statt für einen zu decken? Probieren Sie aus, wie es ist, auf einer Seite des Bettes und nicht in der Mitte zu schlafen. Legen Sie im Bad zwei Zahnbürsten bereit. Seien Sie kreativ, es gibt so viele Möglichkeiten, dem Universum Ihre Bereitschaft und Entschlossenheit zu signalisieren.

Denken Sie um, wenn Sie ein neues Leben möchten

Es stehen Ihnen unter allen Umständen und in allen Augenblicken Ihres Lebens stets zwei Wege offen, der positive und der negative, und Sie *entscheiden, welchen Sie nehmen werden.*

The Secret – Das Praxisbuch für jeden Tag

Sie können jede noch so verfahrene Situation in Ihrem Leben ändern, und das beginnt damit, dass Sie anders darüber denken. Tammy beispielsweise konnte nicht mehr glauben, dass wahre Liebe in der heutigen Zeit überhaupt noch möglich ist. Dann las sie aber *The Secret*, sah sich auch den Film an und entschloss sich zum Umdenken: Von jetzt an würde sie nach dem Guten und Erfreulichen in allem Ausschau halten.

SCHREIBT DIE LIEBE NIEMALS AB

Als ich 2006 das Geheimnis kennenlernte, lebte ich in einer Ehe, die nicht funktionierte, und hatte mich vom Gedanken der wahren Liebe eigentlich schon verabschiedet. Ich sagte mir, dass all die angeblich Verliebten ringsum nur in der Öffentlichkeit so taten, aber in Wirklichkeit ungefähr so lebten wie ich.

Ich habe nicht immer so empfunden. Ich bin sogar in einer sehr liebevollen Familie aufgewachsen. Meine Eltern schmusen und küssen sich nach einundvierzig Jahren Ehe immer noch und scheren sich nicht darum, ob jemand zuschaut. Auch meine Großeltern beiderseits waren einander hingebungsvoll zugetan. Aber ich redete mir ein, dass es solche Beziehungen wohl nicht mehr gibt. Das war leichter, als mir die Wahrheit über meine eigene Ehe einzugestehen.

Nachdem ich den Film *The Secret* gesehen hatte, lief ich sofort los, um mir das Buch zu besorgen. Ich war fest entschlossen, meine Art zu denken umzukrempeln. Ich fing klein an und ermahnte mich jeden Tag, die Dinge positiv zu sehen. Ich fing wieder an zu schreiben, was ich aufgegeben hatte, als meine Ehe Tendenzen zeigte, den Bach runterzugehen. Ich schrieb eine Liebesgeschichte, meine erste. Ich wollte sehen, ob ich über meinen großen Wunsch – wahre Liebe – so schreiben konnte, dass ich schließlich selbst an ihre Existenz glaubte.

Nach der Trennung von meinem Mann studierte ich, um mir einen alten Traum zu erfüllen und einen Abschluss als Lehrerin zu machen. Es war viel los in meinem Leben, und ich genoss es, vergaß aber auch mein Buch.

Etwa ein Jahr später bin ich einem wunderbaren Mann begegnet und merkte gleich, dass ich mich verlieben würde. Er lebte in den Vereinigten Staaten und ich in Kanada, aber mit der Zeit wuchs der Wunsch, zusammen zu sein.

Einige Monate darauf erzählte ich ihm von dem Buch, das ich angefangen hatte. Ich hatte mich lange nicht mehr damit beschäftigt und den Aufbau der Handlung schon fast vergessen, sogar die Namen der Protagonisten. Er redete mir zu, die Arbeit wieder herauszuholen und noch einmal zu lesen. Mir stockte der Atem, als mir klar wurde, dass die neue Liebe, die ich der Hauptperson (meinem Alter Ego) zugesellte, ziemlich genau meinem neuen Geliebten entsprach. Mir stiegen die Tränen in die Augen, offenbar hatte ich ihn buchstäblich in mein Leben geschrieben.

Aber die Geschichte ist damit noch nicht zu Ende. Bevor ich aus meiner Ehe ausstieg, hatte ich außerdem eine Visionstafel angelegt für alles, was ich noch sehen und erleben wollte, und da hing jetzt als einziges materielles Objekt ein Foto aus einer Zeitschrift, das einen Ring mit Saphiren und Brillanten zeigte. Als mein Geliebter mir seinen Antrag machte, befanden wir uns genau da, wo meine Großeltern vor sechsundsechzig Jahren geheiratet hatten – und der Ring, den er mir ansteckte, sah genauso aus wie der auf meiner Visionstafel.

Ich lebe inzwischen in Kalifornien und heirate demnächst den wunderbarsten Mann, dem ich je begegnet bin. Das Geheimnis ist weiterhin die Kraft, die mich leitet, und ich sehe jetzt, dass alles im Leben erreichbar ist, wenn ich nur daran glaube.

Tammy H., Fullerton, Kalifornien, USA

Entscheidend war für Tammy, dass sie diese Liebesgeschichte schrieb, denn damit tat sie die ersten beiden Schritte des schöpferischen Prozesses: wünschen und glauben. Jetzt musste sich nur noch der Zeitpunkt des Bekommens finden: der Begegnung mit der wahren Liebe, von der sie geschrieben hatte.

Das Schreiben, auch eines Tagebuchs, ist eine großartige Unterstützung des Schöpfungsprozesses für alles, was Sie sich wünschen. Wenn es um die Partnersuche geht, beschreiben Sie diesen Menschen und die Beziehung ruhig in allen Einzelheiten, die Ihnen vorschweben. Schildern Sie Vorlieben und Abneigungen, Hobbys, Herkunft und alles, was Ihnen wichtig ist. Sie sollten mindestens hundert Merkmale und Züge Ihres Wunschpartners zusammentragen können. Und dann warten Sie einfach ab und sehen zu, wie das Universum das Auftauchen eines Ihren Wünschen entsprechenden Menschen einfädelt.

UND PLÖTZLICH DOCH: WAHRE LIEBE

Nachdem ich den Film *The Secret* zweimal gesehen und das Buch gelesen hatte, fing ich an, die Anregungen in meinem alltäglichen Leben umzusetzen. Ich schrieb alles auf, was ich mir wünschte, und übte Dankbarkeit. Ich habe bestimmt alles richtig gemacht, aber eine Sache ging mir daneben, und das Universum zeigte mir, was das war.

Ich lebte in Athen und traf dort den perfekten Partner. »Das ist er«, dachte ich. Als wir vier Monate zusammen waren, bemerkte ich jedoch, dass er sich mir immer mehr entzog. Anfangs stellte ich ihm dazu keine Fragen, ich wollte nicht aufdringlich erscheinen. Später konnte dann schon mal eine Woche vergehen, ohne dass ich von ihm hörte, und da wollte ich dann doch Bescheid wissen. Seine Antwort: »Denk dir nichts dabei, es bedeutet gar nichts.« Ich machte mir so meine Gedanken, aber echte Antworten kamen keine. Und dann war er auf einmal ganz weg. Keine Antworten mehr auf Anrufe, SMS, gar nichts. Manchmal sah ich seinen Wagen, also war ihm wohl nichts Schlimmes passiert. Auch andere sahen ihn hier und da, und offenbar war keine »dritte Person« involviert. Ich war außer mir und stinksauer. Ich dachte schon daran, meine Sachen zu packen und in die USA zurückzufliegen.

Ich las weiter *The Secret* und versuchte mir einen Reim auf die Angelegenheit zu machen. Tat ich nicht alles, was das Buch sagte? Dann kam ich darauf, dass wohl gerade darin mein Fehler lag. Ich *tat*, aber ich *fühlte* nicht. Ich hakte alles nacheinander ab wie ein braves Mädchen, doch das genügt nicht. Man muss es fühlen. Fühl, was du da tust, lass es ganz an dich heran. Da ich das jetzt endlich begriffen hatte, steckte ich mir höhere Ziele. Ich sagte mir: Wenn ein Typ in meinem Leben sein wollte, musste er deutlich über den Mindestanforderungen liegen, basta. Nie wieder würde ich mich mit zu wenig begnügen.

Ich arbeitete als Tanzlehrerin. Meine Kollegen und ich saßen gern zwischen den Unterrichtseinheiten draußen auf den Stufen und plauderten. Manchmal kamen auch Schüler dazu, und das nervte mich, weil sie unsere Gespräche störten. Einmal kam einer und sagte:»Ich geh Limonade holen, wollt ihr auch was?«Ich sagte nichts, aber ich dachte:»Nein, wir möchten, dass du gehst.«

Als er wieder zurückkam, setzte er sich neben mich und fing an, von seinen Reisen zu erzählen. Ich beteiligte mich nicht an diesem Gespräch, aber was ich da hörte, war doch irgendwie faszinierend.

Um es kurz zu machen: Zwei Tage darauf, am Freitag, besuchte ich eine Diskothek am anderen Ende von Athen, und er war zufällig auch da. Das muss Gott wohl so eingerichtet haben. Wir tanzten miteinander und führten lange Gespräche. Er wollte mich ausführen, ich sagte ja. Am Samstag hatten wir unser erstes Date. Sonntag brachen wir zu einer dreitägigen Tour mit dem Zelt auf. Heute sind wir sechs Jahre zusammen, davon drei als glückliches Ehepaar, inzwischen mit einer zweijährigen Tochter. So funktioniert *The Secret*.

Evangelia K., Athen, Griechenland

Evangelias Entdeckung: Wenn wir den schöpferischen Prozess für das, was wir uns wünschen, vollständig vollzogen haben, lässt sich nicht mehr verhindern, dass uns das Universum das Gewünschte zuträgt.

Sie können Ihr Leben in ein Paradies verwandeln, doch das wird Ihnen nur gelingen, wenn Sie Ihr Inneres in ein Paradies verwandeln. Es ist die einzige Möglichkeit.

Sie sind die Ursache; Ihr Leben ist die Wirkung.

The Secret – Das Praxisbuch für jeden Tag

Es spielt keine Rolle, wie lange eine nicht funktionierende Beziehung schon besteht, sie kann sich doch zum Besseren wenden, auch wenn Sie schon längst nicht mehr daran glauben. Jede belastete Beziehung kann sich ändern, und zwar in erster Linie dadurch, dass Sie den betreffenden Menschen anders zu sehen lernen. Suchen Sie gezielt nach seinen guten, liebenswerten Seiten, und die Beziehung wird sich ändern. Sie allein können dafür sorgen.

WIE ICH MEINEN VATER ZURÜCKBEKAM

Nach der Scheidung meiner Eltern änderte sich meine Beziehung zu meinem Vater drastisch. Sie war immer sehr eng und ungefährdet gewesen, und jetzt herrschten Verärgerung und andere bittere Gefühle. Fünfundzwanzig Jahre sah ich keine Hoffnung, dass wir je wieder ein gutes Verhältnis zueinander haben würden – bis meine Mutter mir die DVD *The Secret* schenkte. Danach änderte sich alles.

Ich sah mir den Film immer wieder an, die ersten drei Male weinte ich. Endlich sah ich wieder einen Hoffnungsschimmer für so viele Dinge in meinem Leben und fing an, Vater und Tochter in freundlichem Miteinander zu visualisieren. Dann kam völlig unerwartet eine Einladung meines Vaters. Es wurde eine schöne Begegnung, in deren Verlauf wir unsere alte Vertrautheit wiederfanden. Nie hätte ich das für möglich gehalten, es war wie ein Wunder. Wir sind uns weiterhin sehr nah und beide glücklich darüber.

Ich finde kaum Worte dafür, wie unglaublich ich *The Secret* finde. Ich hoffe, die Menschen entdecken überall auf der Welt, wie viel Hoffnung uns *The Secret* gibt.

Amy, Magnolia, Arkansas, USA

In der nächsten Geschichte erfahren wir von Glendas Freude über die Wiederbelebung der Beziehung zu ihrer Mutter, zu der es kam, als sie anfing, mehr das Liebens- und Schätzenswerte an ihr wahrzunehmen als die Differenzen.

MEINER LIEBEN MUTTER

Ich habe mich mein Leben lang, und das sind jetzt gut vierzig Jahre, nie richtig mit meiner Mutter verbunden gefühlt. In meiner Teenagerzeit gab es viele heftige Auseinandersetzungen, und auch in späteren Jahren hatte ich nie das Gefühl, ihr nah zu sein. Es gab immer wieder Zeiten, in denen ich gar keinen Kontakt mehr suchte.

Als sie älter wurde und nicht mehr gut sah, bekam ich das Gefühl, dass ich unser angespanntes Verhältnis irgendwie in Ordnung bringen musste.

Nachdem ich *The Secret* gelesen hatte, schrieb ich etwas über Dankbarkeit und kam auf den Gedanken, alles festzuhalten, wofür ich *ihr* dankbar war: die hübschen Kleider, die sie mir genäht hatte, als ich klein war, ihre tatkräftige Pflege unseres großen Gartens und das köstliche Gemüse, das sie dort für uns zog, und noch manches in dieser Art. Als ich mir das alles vor Augen geführt hatte, ergriff mich eine Welle der Dankbarkeit für ihre ganze fürsorgliche Einsatzbereitschaft Jahr für Jahr.

Ich schrieb in mein Notizbuch: »Ich möchte, dass alles wieder gut ist mit Mama, eine unbelastete, fröhliche, vertrauensvolle Beziehung.« Sofort danach fühlte ich sie wie in Frieden gehüllt. Ich hatte ein Jahr lang nicht mehr mit ihr gesprochen, und jetzt war mir klar, dass ich sie besuchen würde.

Bei diesem Besuch zeigte sich gleich, dass zwischen uns alles anders war als früher. Als ich ihr von Problemen in meinem Leben erzählte, zeigte sie sich auf liebevolle Art verständnisvoll und nahm mich sogar in den Arm – das erste Mal überhaupt. Das war die Mutterliebe, die ich mir immer gewünscht hatte, ein großer Augenblick in meinem Leben.

Wir telefonieren jetzt jede Woche, und es sind genau die Gespräche, nach denen ich mich immer gesehnt hatte. Es ist einfach Liebe, ich weiß nicht, wie ich es näher beschreiben soll.

Glenda, Neuseeland

Wunder ereignen sich, sobald wir mehr auf die liebens- und schätzenswerten Züge der Menschen achten als auf ihre Schattenseiten. In dieser Verfassung scheint es so zu sein, dass sich das ganze Universum bemüht, uns alles erdenklich Gute zuzuschanzen, erfreuliche Umstände ebenso wie liebenswerte Menschen. Und so ist es tatsächlich.

Loslassen und leben

Manchmal fällt es uns schwer, uns von unguten Gefühlen zu lösen, vor allem wenn es wie bei Sabrina um eine besonders wichtige Beziehung in unserem Leben geht.

VERGEBUNG HEILT

Ich bin als Kind viel geschlagen worden, und meinen beiden jüngeren Geschwistern erging es nicht anders. Die Gewalt ging von unserer Mutter aus. Da ich die Älteste war, bekam ich immer das meiste ab, wenn irgendetwas ihren Unmut erregte. Die ersten fünfzehn Jahre meines Lebens bin ich fast täglich körperlich misshandelt worden.

Als ich dreizehn war, kniete sich meine Mutter einmal auf meinen Rücken, damit ich am Boden blieb, während sie mich schlug. Danach hatte ich viele Jahre lang Rückenschmerzen.

Zwei Jahre danach zog ich zu meinem Vater und seiner neuen Freundin. Einmal spielten meine kleine Schwester und ich draußen mit den Pferden, bis wir uns beide einen Huftritt ins Hinterteil einfingen, dass wir nur so flogen. Eine Woche danach zog mein Bruder den Stuhl weg, auf den ich mich gerade setzen wollte, und schon wieder fiel ich auf den Rücken. Es wurde schließlich eine deutliche Verschiebung meines Steißbeins festgestellt.

Ich war dann noch etliche Jahre immer wieder beim Arzt, weil ich mir nicht erklären konnte, weshalb die Rückenschmerzen nicht weggingen. Einmal meinte er, es könne etwas mit den früheren Kränkungen und Misshandlungen zu tun haben, und vielleicht ginge von meinen großen Brüsten eine zusätzliche Belastung des Rückens aus. Da eine Brustverkleinerung für mich nicht infrage kam, musste ich mich wohl oder übel mit den Rückenschmerzen abfinden.

Dann las ich *The Secret* und sagte mir anschließend gleich, dass ich meiner Mutter verzeihen und endlich mein ganz eigenes Leben führen würde. Als ich dann einmal auf dem

Sofa saß und meditierte, sah ich meine Mutter plötzlich vor mir, ging zu ihr hin und umarmte sie. Ich sagte ihr, dass ich sie liebhatte und ihr alles verzieh, Vergangenes sollte vergangen sein. »Ich weiß, du hast es so gut gemacht, wie du nach bestem Wissen konntest«, sagte ich. Und immer wieder: »Ich liebe dich, ich verzeihe dir.« Ich ließ meinen Tränen freien Lauf. Lange saß ich so in meiner Meditation und tat nichts weiter, als Verzeihung zu üben. Ich sagte: »Ich liebe dich, und die kleine Sabrina darf weinen, soviel sie will.« Es war sehr, sehr beängstigend und dennoch unglaublich schön.

Später erzählte ich meinem Vater und meiner Stiefmutter, alles, was ich mit meiner Mutter erlebt hatte, sei vergeben und vergessen. In der Nacht verschwanden meine Rückenschmerzen und sind seitdem nie wieder aufgetreten.

Sabrina J., Tønder, Dänemark

Durch Meditation und Visualisation war es Sabrina möglich geworden, besser von ihrer Mutter zu denken, und dadurch überwand sie nicht allein den alten seelischen Schmerz, sondern auch ihre Rückenschmerzen. Wenn Sie über irgendeinen Umstand oder Zusammenhang anders zu denken lernen, ändert sich alles, was damit im Zusammenhang steht.

Je mehr man gibt, desto mehr empfängt man

Das Geben öffnet die Tür zum Empfangen …

Sprechen Sie freundliche Worte. Schenken Sie ein Lächeln, Anerkennung und Liebe …

Es gibt so viele Gelegenheiten, zu geben und damit die Tür zum Empfangen aufzustoßen.

The Secret – Das Praxisbuch für jeden Tag

DAS GESCHENK

Ich war geschäftlich unterwegs gewesen und begann mit der Lektüre von *The Secret*, als ich abends am Airport auf meinen Rückflug wartete. Während des Flugs kam ich an die Stelle, wo man aufgefordert wird, sich am Steuer seines Traumwagens zu visualisieren. Ich versuchte mir ein Lenkrad mit Jaguar-Emblem vorzustellen, aber es kam immer wieder ein Porsche-Emblem. Dann wurde mir klar, dass ich tatsächlich den Porsche visualisierte, von dem mein Mann schon lange träumte.

Ich ließ ihn ganz klar vor meinem geistigen Auge entstehen, die Lackfarbe und das Innere, seinen perfekten Zustand einschließlich der gesamten Technik. Wir hatten auch bereits herausgefunden, dass ein 1997er-Modell des ins Auge gefassten Typs unseren finanziellen Möglichkeiten entsprach. Damit wäre der Wagen zu der Zeit zehn Jahre alt gewesen, und mir war natürlich bekannt, dass man Autos mit dieser Anzahl von Jahren auf dem Buckel ihr Alter ansah. Aber ich stellte mir dieses zehn Jahre alte Auto trotzdem weiterhin wie neu vor, einschließlich der Laufleistung.

Noch während dieser Visualisation fiel mir etwas anderes ein, was mir eigentlich viel wichtiger war, nämlich die Beziehung zu meinem Schwiegersohn Brandon, die ich gern wiederaufleben lassen wollte. Als sich an die Traumhochzeit meiner Tochter eine eher steinige Ehe anschloss, hatten die zunehmenden Spannungen eine gewisse Entfremdung entstehen lassen, sodass wir inzwischen über fünf Monate kaum noch miteinander gesprochen hatten.

Jetzt regte sich der Wunsch, ihn einmal allein zu sehen und *nicht* die Eheprobleme zu diskutieren, sondern ihn einfach wissen zu lassen, dass er mir wichtig war und ich an seinen Erfolg glaubte.

Nach der Landung konnte ich es kaum erwarten, meinem Mann von allem zu erzählen, was ich gelesen und mir überlegt hatte.

Am nächsten Tag führte ich meine Tochter und meinen Neffen zum Frühstück aus, und während wir noch aßen, kam ein Anruf für sie. Mit überraschtem Gesichtsausdruck reichte sie mir das Handy und sagte: »Brandon ist dran. Er möchte dich sprechen.«

Brandon hatte einen Monat zuvor eine Stelle im Verkauf eines Autohauses angetreten. Jetzt sagte er, Ted, mein Mann, habe doch einmal von einem Porsche Boxster gesprochen, den er gern hätte. Dann beschrieb er mir ganz aufgeregt diesen wirklich ungewöhnlichen Wagen, der gerade hereingekommen sei. Er habe nur einen einzigen überaus peniblen Vorbesitzer, der ihn tadellos gepflegt, aber kaum gefahren habe. »Wie aus dem Schaufenster«, beschrieb er dieses Auto, das offenbar das Ebenbild des von mir visualisierten Porsche war. Natürlich sagte ich, er solle bloß niemanden an diesen Wagen heranlassen, ich sei gleich da.

Es war dann tatsächlich *der* Wagen, wie aus dem Ei gepellt und mit weniger als fünftausend Meilen auf dem Tacho. Ich sagte, ich müsse ihn Ted noch zeigen, der sicher begeistert sein werde, und Brandon meinte, das sei kein Problem, er brauche nur meinen Führerschein und könne gleich die Schlüssel holen.

Als er zurückkam, ließ er mich wissen, sein Chef habe lediglich eine Bedingung gestellt, nämlich dass Brandon mich begleitete, immerhin war zum Restaurant meines Mannes und zurück mit zweieinhalb Stunden Fahrtzeit zu rechnen.

Ich konnte nur noch staunen. Beide Wünsche verwirklichten sich innerhalb eines einzigen Tages. Mein Mann würde seinen Traumwagen bekommen, und Brandon und ich hatten während der Fahrt Gelegenheit, unsere Beziehung zu erneuern, die uns beiden viel bedeutet.

Seit damals habe ich vielen Freunden das Buch *The Secret* geschenkt. Wir beschicken unsere Dankbarkeitstagebücher alle Tage, und Brandon hat das Audiobuch im Wagen.

Durelle P., Dallas, Texas, USA

Freude zieht mehr Freude an. Glück zieht mehr Glück an. Frieden zieht mehr Frieden an. Dankbarkeit zieht mehr Dankbarkeit an. Freundlichkeit zieht mehr Freundlichkeit an. Liebe zieht mehr Liebe an.

The Secret – Das Praxisbuch für jeden Tag

Schlüssel zu Ihren Beziehungen

- *Eine sogenannte schlechte Beziehung können Sie verbessern, wenn Sie die beteiligte Person anders sehen.*

- *Schauen Sie auf alles, was Sie am anderen schätzen und lieben, und die Beziehung wird sich ändern.*

- *Für Beziehungen gilt dasselbe wie für alle anderen Wünsche im Leben: Um zu bekommen, was Sie möchten, müssen Sie glauben, dass Sie es bereits haben.*

- *Wenn Sie eine Beziehung anziehen oder wiederbeleben wollen, sorgen Sie dafür, dass Ihr Verhalten zu Ihrem Wunsch passt.*

- *Um den perfekten Partner anzuziehen, stellen Sie sich diesen Menschen so detailreich wie möglich vor und notieren Sie alles.*

- *Was Sie für einen anderen Menschen empfinden, wird Ihnen dann auch zuteil.*

☞ *Liebe allein kann alle Beziehungen in Ihrem Leben verwandeln.*

☞ *Lieben Sie, wo auch immer und wen auch immer Sie lieben können. Halten Sie sich möglichst ausschließlich an das, was Sie lieben.*

☞ *Je mehr Sie geben, desto mehr bekommen Sie, das gilt für Beziehungen wie für alles andere im Leben.*

Die Prinzipien des Gesetzes der Anziehung sind ein mächtiges Werkzeug, um unsere innere Heilkraft zu beschwören, und wir können es als Hilfsmittel in völligem Einklang mit all den wundervollen medizinischen Verfahren einsetzen, die es heute gibt.

The Secret – Das Praxisbuch für jeden Tag

Gesund sein
mit dem Geheimnis

Nichts ist unheilbar. Bei jeder »unheilbaren« Krankheit sind Fälle von (Spontan)heilungen bekannt. Seit dem Erscheinen des Films *The Secret* sind wir mit Geschichten von Wunderheilungen überhäuft worden, in denen Menschen erzählen, wie alle möglichen Krankheiten sich in Luft auflösten, als sie anfingen, das Geheimnis in die Praxis umzusetzen. Alles ist möglich, wenn Sie glauben.

Neues Denken, neue Gesundheit

DIE ÄRZTE SPRECHEN VON EINEM WUNDER

Mit vierundzwanzig wurde bei mir eine rätselhafte und lebensbedrohende Herzerkrankung festgestellt. Es ist auch eine sehr seltene Krankheit, die Wahrscheinlichkeit, dass man sie hat, liegt bei eins zu einer Million. Ich bekam mehrere Medikamente und musste mir einen Defibrillator implantieren lassen. Der Gedanke zu sterben war mir ein täglicher Begleiter.

Fünf Jahre, eine Scheidung und zwei erfolglose Herzoperationen später fing ich an, selbst nach Lösungen zu suchen. Nachdem ich *The Secret* gesehen und damit zu arbeiten begonnen hatte, begab ich mich auf eine spirituelle Reise der Selbstentdeckung. Ich wollte herausfinden, weshalb ich diese Herzprobleme hatte. Es dauerte ein paar Jahre, aber irgendwann gelangte ich zu einem neuen Einverständnis mit dem Leben und fand, dieser Zustand sei nicht mehr nötig. Ich beschloss, mich davon zu lösen.

Ich sagte mir: »Irgendwann wirst du am Morgen aufwachen und wissen, dass du deine Medikamente nicht mehr

brauchst.« Ungefähr ein halbes Jahr später zog ich einmal
am Morgen meine Tennisschuhe an, um zum Wochenmarkt
zu gehen. Erst als ich schon fast da war, fiel mir ein, dass ich
meine Medikamente nicht genommen hatte. Eine Stimme in
meinem Kopf sagte ganz klar:»Heute ist es so weit. Du
brauchst die Mittel nicht mehr.«

Ich nehme sie seitdem nicht mehr ein, und auch den Defibrillator habe ich vor einem halben Jahr entfernen lassen.

Die Ärzte hatten anfangs noch Bedenken, da sie keinen
medizinischen Grund für das Verschwinden meiner Herz-
störung kannten, aber sie fanden auch nichts, was darauf
hindeutete, dass sie noch bestand. Sie sprachen von einem
Wunder, zumal kein einziger früherer Fall dieser Art bekannt war.

Knight H., Colorado Springs, Colorado, USA

Natürlich sollten Sie verschriebene Medikamente und
andere Behandlungsformen nur nach Rücksprache mit dem
Arzt absetzen beziehungsweise abbrechen. Aber was Knight
in Zusammenarbeit mit seinen Ärzten erreichte, führt uns
vor Augen, welche Kraft das Gesetz der Anziehung entfal-

tet, wenn es sinnvoll mit medizinischen Maßnahmen verbunden wird.

Überzeugungen sind einfach Gedanken, die immer wieder gedacht werden und außerdem mit starken Gefühlen behaftet sind. Zur Überzeugung wird ein Gedanke, wenn Sie zu einem endgültigen Schluss gekommen sind, Ihr »Urteil« annehmen und dann auch noch als endgültig akzeptieren. Da bleibt dann kein Verhandlungsspielraum.

Sollten Sie zu pessimistischen Überzeugungen hinsichtlich Ihrer Gesundheit gelangt sein, kehren Sie zurück an den Verhandlungstisch. Es ist nie zu spät, sich anders zu entscheiden, und das müssen Sie, wenn Sie etwas für Ihre Gesundheit tun wollen.

MEIN WUNDERHERZ

Jemand, den ich nicht kannte, rief mich wegen Erbschaftsangelegenheiten an, und so erfuhr ich vom plötzlichen, unerwarteten Tod meines Vaters. Er war dreiundfünfzig und starb an einem Aortenaneurysma, das durch einen seltenen Gendefekt namens Marfan-Syndrom bedingt war. Ich konsultierte den Chefarzt der Kardiologie am Cedars-Sinai

Medical Center in Beverly Hills, Los Angeles, und musste mir sagen lassen, dass ich auch das Marfan-Syndrom habe.

Das Marfan-Syndrom ist eine unheilbare Genmutation, die oft zum Tod durch ein geplatztes Aortenaneurysma führt. In vielen Fällen tritt der Tod schon in relativ jungen Jahren ein, wenn die Leute zwischen zwanzig und dreißig Jahre alt sind. Ich war achtundzwanzig.

Ich war am Boden zerstört. Ich hatte einen Herzblock ersten Grades und Herzgeräusche, die sich von den normalen Herztönen unterscheiden. Ich würde einen Schrittmacher benötigen, da sich der Herzblock in Richtung des zweiten Grades bewegte, aber das eigentliche Sorgenkind war die Aortenklappe und die Möglichkeit des Platzens. Ich würde keine Kinder bekommen können. Ich war immer sehr sportlich gewesen und hatte mich an Wettkämpfen beteiligt, im Volleyball ebenso wie beim Schwimmen oder im College-Tennis. Ernährung und Fitness waren mir ungemein wichtig. Die Diagnose erschreckte mich zutiefst. Ich hatte mich stets als stark und positiv gesehen, jetzt war »eine tickende Zeitbombe in meiner Brust«, wie es hieß, und ich empfand mich als schwach und anfällig. Ich gab mir alle Mühe, positiv zu bleiben, aber die über mir schwebende Gefahr und die Sterbewahrscheinlichkeit waren mir im Hintergrund ständig bewusst.

Über Jahre wurde ich zweimal jährlich kardiologisch untersucht und lebte mit dieser Angst – bis ich den Film *The Secret* sah. Zu der Zeit war gerade wieder die Untersuchung fällig. Besonders ergriff mich die Geschichte von dem Mann, der sich nach einem Flugzeugabsturz selbst heilte. Ich beschloss auf der Stelle, dass ich mein Herz heilen würde. Ich glaubte daran, ich wusste, dass es möglich war.

Ich verbannte alle negativen Gedanken über mein Herz und verwehrte ihnen von da an den Zutritt. Jeden Abend, wenn ich ins Bett ging, legte ich mir die Hand auf die Brust und visualisierte ein starkes Herz. Ich spielte innerlich in Probeläufen durch, wie es kräftig schlug und so aussah und klang, wie ein starkes, gesundes Herz aussieht und klingt. Jeden Morgen beim Aufwachen sagte ich gleich: »Danke für mein starkes, gesundes Herz.« Ich visualisierte auch eine Szene, in der mir der Kardiologe meine Heilung verkündete. Niemand erfuhr etwas von meiner »Selbsttherapie«, Zweifel und abfällige Urteile konnte ich jetzt nicht gebrauchen. Ich verschob den Arzttermin um ungefähr vier Monate, um meinen neuen Ansatz in Ruhe erproben zu können.

Dann ging ich mit meinen gesammelten medizinischen Unterlagen zum Kardiologen, mit all den Elektro- und Echokardiogrammen, die meine Herzprobleme dokumentierten.

Ich war nervös und aufgeregt und versuchte mich zu beruhigen, während ich an das EKG angeschlossen wurde, gefolgt vom Sonogramm.

Der Kardiologe war sprachlos, als er die Ergebnisse sah. Es gab keine Anzeichen eines Herzblocks ersten Grades, kein Herzgeräusch, keine Weitung der Hauptschlagader. Immer wieder sah er sich die alten Befunde an und dann die neuen, die keinerlei Anzeichen des Marfan-Syndroms erkennen ließen. Er konnte sich das nicht erklären. Ich war außer mir vor Freude, aber ehrlich gesagt nicht überrascht. Es war alles so, wie ich es mir ausgemalt hatte. Ich rannte buchstäblich aus der Praxis und über den Parkplatz zu meinem Wagen, ich fühlte mich stärker und lebendiger als je zuvor in meinem Leben.

Ich rief meine Mutter an, der ich zuvor das Buch *The Secret* geschenkt hatte, und erzählte ihr haarklein, wie ich mit den Methoden gearbeitet hatte und jetzt ein starkes, gesundes, normales Herz besaß. Ich hatte sie noch nie so weinen gehört.

Lauren T., Laguna Beach, Kalifornien, USA

Lassen Sie die Ärzte, die Sie sich ausgesucht haben,
ihre Arbeit tun, und konzentrieren Sie sich
ausschließlich auf Ihr Wohlbefinden.

Denken Sie Gedanken des Wohlbefindens.
Sprechen Sie Worte des Wohlbefindens. Und
stellen Sie sich vor, Sie wären kerngesund.

The Secret – Das Praxisbuch für jeden Tag

Ein kleiner positiver Gedanke nach dem anderen

Stress geht immer von einem negativen Gedanken aus. Lässt man diesem einen Gedanken seinen Lauf, zieht er immer weitere nach sich, bis Stress spürbar wird. Aber zuerst war da nur ein kleiner negativer Gedanke. Umgekehrt gilt: Einerlei, was Sie manifestiert haben, mit einem kleinen positiven Gedanken und dann noch einem und noch einem können Sie alles wieder ändern.

LIEBE HEILT

Seit ich das Audiobuch *The Secret* gehört habe, tut sich Erstaunliches in meinem Leben, aber nichts ist so überzeugend wie die Heilung meiner Colitis ulcerosa oder chronischen Dickdarmentzündung, die mich jahrelang gepeinigt hat.

Ich bin in einem Haushalt aufgewachsen, der in religiöser Hinsicht von der Pfingstbewegung geprägt war, und ich war ein verängstigtes Kind, dem vor der Hölle und der Wiederkunft Christi graute. Ganz im Innern zog ich die Kirche in Zweifel. Ich dachte: Wenn Gott Liebe ist, wie die Bibel sagt, wieso habe ich dann solche Angst? Alles machte mir Angst.

Mein Vater litt an Colitis ulcerosa, und meine Mutter sagte zu mir, das drohe mir auch, wenn ich mich weiterhin so unnötig ängstigte. Und tatsächlich bekam ich diese Diagnose mit dreiundzwanzig.

Ich träumte nicht mehr, ich sang nicht mehr, dafür begann ich zu trinken, und mit Ende zwanzig richtete ich mich in einer Beziehung ein, die »ganz okay« war. Das war die Zeit, in der die chronische Darmentzündung richtig losbrach.

Irgendwann verließ ich Herrn Ganz Okay und begegnete dem Mann, der »wie für mich gemacht« war, aber die täglichen Krämpfe und Blutungen hielten an. Ich hatte zu der Zeit eine Vollzeitbeschäftigung und kümmerte mich allein um meine kleine Tochter und meinen pubertierenden und mit den Nöten dieser Jahre kämpfenden Sohn. Mein Liebesabenteuer machte die Schmerzen erträglicher, aber sie zermürbten mich doch.

Ich verlor meine Stelle, aber mein neuer Mann kümmerte sich so liebevoll um mich, dass ich mich ganz auf die Heilung meiner Vergangenheit und meines Körpers konzentrieren konnte. Wegen der ständigen Blutungen litt ich an Blutarmut und bleierner Müdigkeit. Auch seelisch war ich ziemlich am Ende. Von den Spezialisten, die ich konsultierte, hörte ich nur, dass ich dauerhaft hoch dosierte entzündungshemmende Medikamente würde nehmen müssen, ergänzt mit medizinischen Einläufen in bestimmten Zeitabständen. Entmutigt und ratlos ergab ich mich diesem Verdikt und versuchte, irgendwie damit zurechtzukommen.

Ein Jahr später blutete ich immer noch beinah jeden Tag. In jeder anderen Hinsicht lief mein Leben großartig, aber körperlich und seelisch fühlte ich mich einfach grauenhaft. Nach hitziger innerer Debatte kaufte ich mir *The Secret*.

Ich hatte keine fünf Minuten gelesen, als auch schon die Tränen liefen. Hier wurden meine innersten Überzeugungen bestätigt, über die ich noch nie gesprochen hatte.

Das war der Wendepunkt in meinem Leben. Die Darmsymptome ließen sofort nach. Ich schaute mir im Internet an, wie ein gesunder Dickdarm aussieht, und den visualisierte ich in meinem Bauch. Ich bedankte mich für die Heilung, ich segnete meinen Körper pausenlos. Ich stellte mir Wasser als Heilmittel für meinen Körper vor. Wenn unser Körper größtenteils aus Wasser besteht, dachte ich, kann mehr Wasser doch sicherlich nur nützlich sein und alles Ungesunde ausschwemmen. Also trank ich Wasser und sparte nicht mit Dank dafür. (Später las ich in *The Power*, wie Wasser auf positive Schwingungen von außen reagiert.)

Ich hörte mir auch weiterhin jeden Tag Stücke des Hörbuchs *The Secret* an. Körperlich ging es immer weiter aufwärts, ich fühlte mich wohler als je zuvor, aber ganz gesund war ich immer noch nicht.

Innerlich kämpfte ich noch mit meiner Vergangenheit und versuchte, mit mir ins Reine zu kommen, was die angespannten Beziehungen zu geliebten Menschen anging. Ich hatte nach wie vor Angstattacken und nahm es mir übel, dass ich nicht ruhig und gelassen sein konnte. Ich ging hart mit mir ins Gericht. Wenn ich alle Mittel zur Verfügung hatte und alles bekam, was ich mir wünschte, wieso war ich dann immer noch nicht rundum gesund? Ich spürte, dass die vollständige Genesung greifbar nah war, aber irgendetwas sah ich offenbar noch nicht.

Nachdem ich mich ein halbes Jahr täglich mit *The Secret* befasst und weitere Bücher über spirituelle Entwicklung und Heilung gelesen hatte, kaufte ich *The Power* – und da stand, was mir entgangen war. Ich hatte vergessen, Liebe an die erste Stelle zu setzen. Ich gab mir von einer Sekunde auf die andere die Erlaubnis, einfach alles zu lieben, vom Kleinsten bis zum Größten. Zwei Tage später waren meine Colitis-Symptome verschwunden.

Ich beginne jetzt jeden Tag mit Liebe. Ich sehe Angehörige und Freunde vor dem inneren Auge und schenke ihnen Liebe. Ich sehe sie als erfolgreich und glücklich. Und die Antworten des Universums sind wirklich frappierend. Konflikte lösen sich. Die Leute in meiner Umgebung werden fröhlicher. Und ich tue nichts weiter, als zu lieben. Es ist so einfach! Ich schließe nichts mehr von meiner Liebe aus. Ich schenke allem und allen Liebe.

Diese Liebe in meiner Vergangenheit zu finden lag mir ganz besonders am Herzen. Wenn traurige Erinnerungen kommen, suche ich mir etwas, was in dieser Zeit trotz allem liebenswert war, und das fühle ich dann. Und der jeweilige Anlass plagt mich danach nie wieder.

Alles in meinem Leben ist heute besser, als es je zuvor war. Mit *The Secret* öffnete sich für mich die Tür zu einem ganz neuen Denken und Leben. Zweieinhalb Jahre nach meiner Begegnung mit dem Geheimnis, an meinem Geburtstag, ergab die alle zwei Jahre stattfindende Darmuntersuchung, dass die chronische Darmentzündung, die mich so viele Jahre gequält hatte, nicht mehr da war. Man erkennt nur noch etwas Narbengewebe. Zum ersten Mal in meinem Leben bin ich ganz gesund und glücklich.

Jessica T., Vancouver, British Columbia, Kanada

Wenn Sie Stress empfinden, können Sie nicht anziehen, was Sie sich wünschen. Sie müssen Ihr System von Stress und Spannungen jeder Art befreien…

Die Emotion Stress verkündet laut und deutlich, dass Sie das Gewünschte nicht haben. Stress oder Anspannung sind die Abwesenheit von Glauben, doch um sich davon zu befreien, müssen Sie nur Ihren Glauben stärken!

The Secret – Das Praxisbuch für jeden Tag

SO VIEL MEHR LEBEN!

Ich habe einen Großteil meines Erwachsenenlebens an Platzangst sowie an Angst- und Panikstörungen gelitten und mich praktisch damit abgefunden, dass ich nie irgendetwas außerhalb meiner unmittelbaren Sicherheitszone würde unternehmen können – bis ich *The Secret* las und mir plötzlich alles in einem viel besseren Licht erschien.

Ich begann mit täglichen Affirmationen. Dann hörte ich auf, über all das zu sprechen, was ich nicht tun konnte, und beschränkte mich ganz auf das, wozu ich in der Lage war.

Nach dreiunddreißig Jahren ohne Flugreisen oder Auslands-
aufenthalte war ich jetzt mit meinen neun und zwölf Jahre
alten Söhnen für zwei Wochen in Bali.

Ich konnte nicht einmal ein Einkaufszentrum betreten, doch
heute bin ich Weltreisende! Und alles verdanke ich dem
Geheimnis.

Karen C., Sydney, Australien

Karens Geschichte zeigt, dass Affirmationen gegen Angst-
störungen und sogar Panikattacken helfen.

*Der erfolgreiche Einsatz von Affirmationen hängt
ausschließlich von der Kraft Ihres Glaubens ab,
wenn Sie sie aussprechen. Fehlt es an Glauben,
besteht eine Affirmation nur aus Worten, die keine
Macht besitzen. Erst der Glaube verleiht Ihren
Worten Macht.*

The Secret – Das Praxisbuch für jeden Tag

Nichts ist wichtiger, als sich gut zu fühlen

Gesund sein heißt, körperlich *und* seelisch gesund zu sein. Sie können weder gesund noch glücklich sein, wenn Sie voller negativer Gedanken und Glaubenssätze sind. Halten Sie sich geistig gesund, und Sie fördern die Gesundheit Ihres Körpers.

Für Ihre psychische Gesundheit gibt es kaum etwas Besseres, als Ihren negativen Gedanken einfach nicht mehr zu glauben. Wenden Sie sich in allen Lebenslagen Gedanken der Schönheit, Liebe, Dankbarkeit und Freude zu – das ist für den Körper ein Allheilmittel.

EIN WECKRUF

Gesundheit hat in meinem Leben immer eine große Rolle gespielt, seit fast vierzig Jahren meditiere ich, sorge für viel Bewegung, ernähre mich gut und schlafe ausreichend. Umso größer war mein Erschrecken, als die Ärzte eine Woche vor meinem sechzigsten Geburtstag Brustkrebs bei mir feststellten.

Etliche Tage lebte ich in der lähmenden Angst, die oft von einer solchen Diagnose ausgelöst wird. Dann stieß ich »zufällig« auf einen Zeitungsartikel über *The Secret* und besorgte mir das Hörbuch. Ich hörte es im Wagen, abends beim Zubettgehen, bei Spaziergängen mit dem Hund. Da wurde mir klar, dass mein Mann und ich einfach zu viel arbeiteten und zu wenig das Leben genossen – und dass das überhaupt nicht gut war. Also setzten wir uns hin und legten unsere Prioritäten neu fest, um von jetzt an ein ausgeglicheneres Leben zu führen.

Dann gab ich all die Bücher zum Thema Krebs zurück, die ich von wohlmeinenden Freunden bekommen hatte, und stellte auch meine Internetrecherchen ein. Ich musste einfach aufhören, mich als Brustkrebspatientin zu sehen. Bei meinen täglichen Spaziergängen sagte ich laut: »Ich bin von strahlender Gesundheit, danke, danke, danke!« Unter der Dusche sah ich alle meine Zellen in munterer, perfekter Zusammenarbeit, alle Organsysteme wunderbar abgestimmt, alle Gewebe strahlend gesund. Ich bedankte mich vom Aufwachen bis zum Einschlafen für einfach alles und pries immer wieder meine Gesundheit.

Ich wusste, dass es um die sechs Wochen dauern würde, bis meine »Selbstbehandlung« anschlug. In der Klinik hatten sie gesagt, sie würden in ein paar Tagen anrufen, um einen OP-Termin mit mir auszumachen, deshalb benutzte ich das Geheimnis jetzt auch, um Zeit für die Heilung zu gewinnen. Ich sagte immer wieder: »Ich habe genügend Zeit für die Heilung«, und das Universum hörte genau, was ich da sprach! Niemand rief an, und als ich mich nach fünfeinhalb Wochen schließlich selbst meldete, stellte sich heraus, dass sie meine Akte verlegt hatten!

Ich konnte zu dieser Zeit kaum noch einen Knoten tasten.

Nach dem Eingriff sagte die Ärztin zu meinem Mann, es sei schwierig gewesen, weil sie den Tumor nicht finden konnte und immer weitere Gewebeproben in die Pathologie schickte, um sicherzustellen, dass sie an der richtigen Stelle war! Niemand hatte eine Erklärung für den starken Rückgang des Tumors. Ich schon!

Heute genieße ich jede Minute meines Lebens. Ich möchte das Ganze zwar nicht noch einmal durchmachen, aber ich bin so froh, dass ich von der Macht des Denkens erfahren habe und weiß, dass wir unser Leben selbst in der Hand haben. Wie wunderbar!

Carol J., Syracuse, New York, USA

Heilung durch den Geist verträgt sich, wie Carol heraus-
fand, durchaus mit konventioneller Medizin. Wenn bei
Ihnen eine Untersuchung oder Behandlung ansteht, stellen
Sie sich vor, dass das gewünschte Ergebnis bereits eingetreten ist. Als Carol die Operation durchführen ließ, hatte
sie sich mit dem Geheimnis bereits vollkommen auf das
gewünschte Ergebnis programmiert, und so wurde es ihr
prompt vom Universum geliefert.

Anhaltender Stress und negative Gedanken beeinträchtigen
Ihren Körper so sehr, dass er schließlich krank werden
kann. Gegen solche schädlichen Gedanken können wir
zweierlei unternehmen: Wir fluten uns mit positiven
Gedanken und Affirmationen zu unserer Gesundheit,
sodass für kränkende Gedanken kein Platz bleibt; oder wir
identifizieren uns einfach nicht mehr mit solchen negativen
Gedanken. Wenn wir ihnen keine Beachtung schenken,
fließt ihnen keine Energie zu, sodass sie sich auflösen. Beide
Ansätze tun ihre Wirkung, und für beide ist wichtig, dass
Sie sich nicht mehr mit dem beschäftigen, was Sie *nicht*
wollen. Und das ist das Geheimnis, nicht wahr?

Tina wusste, wie die nächste Geschichte erzählt, dass ihre
unguten Gedanken aufhören mussten, wenn sie die
Gesundheit anziehen wollte, die sie sich wünschte.

WIE ICH UNBESIEGBAR WURDE

Nach meiner Scheidung, ich war erst zweiunddreißig Jahre alt, stellte mein Arzt erste Anzeichen der einsetzenden Wechseljahre bei mir fest. Er versuchte mich zu beruhigen, ließ aber gleichzeitig durchblicken, dass er den Beginn der Menopause in so jungen Jahren noch nicht erlebt hatte. Ich weinte Tage, Wochen und Monate, weil jetzt klar war, dass ich nie Mutter werden konnte. Ich war wie vernichtet. Der Schmerz ist kaum mit Worten zu beschreiben – die anschließende Odyssee ebenfalls nicht. Keine Heilung war zu erwarten, mein Arzt konnte nicht einmal Empfehlungen geben.

Ich flog von hier nach da und nach dort auf der Suche nach Behandlungsmöglichkeiten oder wenigstens nach Ursachen – es musste doch möglich sein, die Zeit zurückzudrehen und meinen normalen Zyklus wieder in Gang zu bringen. Ich versuchte es mit Kräutermitteln und Akupunktur, ich nahm die Pille, ich machte Hormontherapien. Was man sich auch ausdenken mag, ich habe es alles ausprobiert.

Aber in der Tiefe war ich eigentlich nicht überrascht. Ich war schon immer ein sehr pessimistischer Mensch gewesen. Bereits früher hatte ich Berichte über Frauen gelesen, die mit Anfang dreißig in die Wechseljahre kamen, und mich hatte die Vorstellung bedrängt, dass es mir auch drohen könnte.

GESUND SEIN MIT DEM GEHEIMNIS   169

Und das ist ja eine der Grundregeln des Geheimnisses:
Sorgenvolle Gedanken ziehen genau das Befürchtete an.

Nach über vier Jahren, vielen Medikamenten und etlichen
verschiedenen Ärzten wurde alles noch viel schlimmer. Ich
alterte offenbar sehr schnell, der Blutdruck stieg, und dazu
entstand ein starker Kalziummangel. Die Kniescheiben taten
mir weh, wenn ich zu viel ging. Ich musste Medikamente
gegen den Bluthochdruck nehmen. Ich war sechsunddreißig
und fühlte mich wie dreiundsechzig. Jeden Morgen wachte
ich mit dem Gedanken auf, dass ich wohl früh sterben würde.
Ich war deprimiert, Tag für Tag.

Ich heiratete wieder, und mein Mann erwies sich als sehr
geduldig mit meinem psychischen Schleuderkurs. Er redete
mir zu, etwas zu unternehmen, mich mehr zu bewegen und
gesund zu ernähren. Irgendwann beschloss ich, meine Hor-
monpillen alle abzusetzen, damit mein Körper mal wieder
durchatmen konnte.

Schon am nächsten Tag stieß ich im Buchladen auf *The
Power*. Ich hatte *The Secret* gelesen, mir danach aber gesagt,
das brauche ich gar nicht erst zu versuchen, dazu sei ich zu
negativ eingestellt. Eine innere Stimme sagte mir jetzt laut
und klar, dieses Buch berge meine Hoffnung auf Heilung.

Und dass die Behandlungen ohnehin alle nicht anschlugen, bedeutete womöglich, dass ich selbst meine Ärztin sein und mich ganz anders behandeln musste.

Ich las und biss sofort an. Ich kaufte mir das Hörbuch und hörte mir jeden Tag etwas an – in der U-Bahn, beim Einkaufen, auf der Straße oder nachts, wenn ich nicht schlafen konnte. Und immer wenn ich hörte, dass ich alles im Leben erreichen und bekommen konnte, kamen mir die Tränen.

Ich übte mich in positivem Denken und Imagination. Ich sah mich mit normalen, starken Blutgefäßen. Ich malte mir aus, dass ich keine Medikamente mehr nehmen und trotzdem einen normalen Blutdruck haben würde. Ich sah mich beim Laufen mit schmerzfreien Knien. Und ich sah mich vor dem inneren Auge als eine Frau mit normalem, regelmäßigem Zyklus. Zum ersten Mal in meinem Leben fühlte ich Augenblick für Augenblick Liebe. Kleinigkeiten deprimierten mich nicht mehr, wie es bisher immer gewesen war. Ich lebte unter Menschen und an Orten, die ich liebte, ich fühlte mich reich beschenkt.

Nach drei Monaten setzte ich sämtliche Medikamente ab. Noch ein paar Monate später war mein Blutdruck von selbst wieder normal. Die Knieschmerzen verschwanden, und das Unglaublichste: Meine Periode setzte wieder ein.

Vielen Dank an euch alle von *The Secret/The Power*, durch euch habe ich jetzt die Kraft, alle Herausforderungen des Lebens zu meistern. Euch verdanke ich den Glauben, dass ich stark bin, dass mir alles zusteht, dass ich unbesiegbar bin.

Tina, Hongkong

Ist es nicht toll zu wissen, dass man sich einfach innerlich auf Gesundheit einstellt, um wirklich gesünder zu werden? Lassen Sie sich von guten Gedanken mitreißen. Füllen Sie Geist und Körper mit schönen Bildern der Gesundheit an. Behalten Sie vor allem Wohlgefühl und Freude im Blick, und machen Sie sich bewusst, dass Sie sich damit von deren Gegenteil abgewendet haben.

Das Geschenk des Lebens entgegennehmen

Wir erhalten viele Berichte von Frauen, die ihre Hoffnung auf Kinder schon aufgegeben hatten und dann nach der Lektüre und Anwendung von *The Secret* doch noch schwanger wurden. Für mich erzählen diese Geschichten, dass es hoffnungslose Fälle nicht gibt und die Anwendung der Prinzipien jede Lage zum Besseren wenden kann.

MEIN KLEINER ENGEL

Ich habe meine große Liebe geheiratet, und damit beginnt meine Geschichte. Wir wollten uns erst ein bisschen einrichten und zur Ruhe kommen, aber dann sollte es ein Kind geben.

Als die Zeit kam und wir eine Schwangerschaft anstrebten, wollte sich leider kein Erfolg einstellen. So gingen wir schließlich zum Arzt und ließen verschiedene Untersuchungen durchführen. Alles Mögliche wurde unternommen, aber es fand sich kein Grund für das Ausbleiben einer Schwangerschaft.

Eltern, Verwandte, Nachbarn und Freunde erkundigten sich immer wieder, wie es denn mit Nachwuchs stehe, aber wir hatten leider nichts zu berichten. Bei befreundeten Ehepaaren erfüllte sich der Kinderwunsch, nur ich saß da und weinte und betete um meinen kleinen Engel. Ich war sehr bedrückt und angespannt.

Einmal sagte mein Arzt, er rate zur künstlichen Befruchtung, sollte ich nicht bis Ende des Jahres schwanger werden. Ich war tief betroffen. Erstens ist das ein sehr teures Verfahren, und zweitens gibt es keine Erfolgsgarantie. Dann empfahl mir eine gute Freundin einen bestimmten Astrologen, dessen Rat sich als nützlich erweisen könnte.

Mein Mann und ich machten einen Beratungstermin mit dem Astrologen aus, und diese Begegnung änderte tatsächlich alles. Wir erörterten die Problematik mit ihm, woraufhin er mich fragte, ob ich *The Secret* gesehen hätte. Tatsächlich hatte ich mir den Film ein paar Jahre zuvor angeschaut. »Also, wenn Sie das Geheimnis kennen, wieso kommen Sie dann zu mir?«, fragte er. »Sie müssten das Problem doch selbst lösen können.« Er erklärte uns, wie das Geheimnis anzuwenden ist, und ich sicherte mir noch am gleichen Tag zu, dass es mir zustand, auf natürliche Art schwanger zu werden.

Von da an hatte das Geheimnis einen festen Platz in unserem Tagesablauf. Ich kaufte mir das Buch und las es sehr aufmerksam. Und immer wenn ich jetzt eine schwangere Frau sah, dankte ich Gott für den Anblick. Ich fing an, Kleidungsstücke für mein kleines Mädchen zu kaufen. Ich sammelte Bilder der embryonalen Entwicklung und speicherte sie auf meinem Handy. Ich begann, Babyseife zu benutzen, und machte im Kleiderschrank Platz für die Babysachen. Jeden Tag dankten mein Mann und ich Gott für unser süßes Engelchen. Und immer wenn ich nach Neuigkeiten gefragt wurde, sagte ich lächelnd: »Sehr bald.« Wir machten das alles so, als sei unser kleiner Engel schon wirklich unterwegs.

Neun Monate hatten wir das Geheimnis gewissenhaft praktiziert, als der Schwangerschaftstest endlich positiv ausfiel. Es war ohne medizinische Intervention gelungen.

Ich weinte vor Glück, und auch mein Mann war überglücklich, dass es einfach so gegangen war, wie es die Natur vorsieht. Die Schwangerschaft verlief reibungslos, und zur richtigen Zeit brachte ich ein allerliebstes gesundes Mädchen zur Welt. Viele hatten auf einen Jungen getippt, aber ich hatte bereits vor der Empfängnis gewusst, dass es ein Mädchen werden würde.

Deshalb sage ich allen, bei denen der Kinderwunsch noch unerfüllt geblieben ist: Seid zuversichtlich, gebt die Hoffnung nicht auf. Richtet euren Wunsch an das Universum, und glaubt, dass ihr das Gewünschte bereits bekommen habt, dann gibt es nichts, was euch nicht zuteilwerden kann.

Samita P., Mumbai, Indien

Mit ihrer Dankbarkeit für den Anblick schwangerer Frauen erzog sich Samita zu einer positiven Haltung gegenüber der Schwangerschaft, obwohl sie selbst noch sehnlichst darauf wartete. Was Sie mit Dankbarkeit, also mit guten Gefühlen, betrachten können, das ziehen Sie an.

Darüber hinaus bedankte sie sich schon im Voraus für das Mädchen, das sie zur Welt bringen würde, *und* sie begann, Babykleidung für ein Mädchen zu kaufen und Platz dafür zu schaffen. Beides unterstützte sie in ihrem Glauben, dass sie ein Kind bekommen würde und dass es *jetzt* bereits unterwegs war! So schuf sie etwas, was wie ein Vakuum wirkte, und das Universum füllte es bereitwillig.

Woran Sie glauben, wird am schnellsten in Ihr Leben treten. Sie können nur anziehen, woran Sie glauben. Darum müssen Sie glauben, um zu bekommen, was Sie sich wünschen.

The Secret – Das Praxisbuch für jeden Tag

Andrea setzte das Geheimnis gleich zweimal ein, um Schwangerschaften zu bewirken, zuerst bei ihrer Mutter, dann bei sich selbst. Sie machte sich die Kraft der Visualisation und eines Stellvertreterobjekts zunutze.

DIE KRAFT DER VISUALISATION

Sommer 2003, Ferienzeit. Ich saß mit meiner Mutter am Strand in der Sonne, als sie mir erzählte, sie sei schwanger. Ich staunte, sie würde ihr sechstes Kind bekommen. Wir sind beide in Kinder vernarrt, und ich konnte es kaum erwarten, wieder ein Baby im Haus zu haben.

Dieser Traum zerstob aber drei Monate später bei der ersten Ultraschalluntersuchung. Das Herz schlug nicht, das Kind war tot, und wir waren am Boden zerstört.

Um Weihnachten 2004 konnten wir wieder hoffen, Mama war erneut schwanger. Leider verlor sie auch dieses Kind im vierten Monat. Die Ärzte meinten, sie könne mit vierundvierzig bereits zu alt sein, die Eizellen seien dann nicht mehr stark genug. Wir mussten die Hoffnung aufgeben und uns damit abfinden, dass wir kein weiteres Baby im Haus haben würden.

Zwei Jahre vergingen, in denen wir uns immer noch nach diesem Baby sehnten. Dann stießen wir auf *The Secret*. Ich war anfangs skeptisch – bis meine Mutter die DVD besorgte und ich mir den Film ansah. Schon nach fünf Minuten änderte sich meine Haltung, und ich saß nur noch wie gebannt da. Irgendetwas in mir rastete fast hörbar ein, und ich war wochenlang wie verzaubert.

Dann fing ich an zu visualisieren. Ich holte eine geliebte alte Puppe heraus, die ich jeden Abend im Bett eine Weile im Arm hielt, und dabei visualisierte ich mein neues Brüderchen oder Schwesterchen, spürte den Herzschlag, fühlte mich eingehüllt in Wärme und Liebe. Auf meinem Kalender notierte ich, dass ich am 14. August 2007, meinem siebzehnten Geburtstag, mein reales Brüderchen oder Schwesterchen im Arm halten würde.

Die Monate vergingen, aber nichts geschah. Meine Mutter
hatte sich, wie ich später erfuhr, in ihrem Kalender notiert,
dass sie am fünfzigsten Geburtstag meines Vaters im
September 2007 ihr sechstes Kind haben würde.

Während ich das jetzt schreibe, halte ich dieses kleine
Wunder im Arm, ich spüre ihren Herzschlag, und das warme
kleine Gesicht schmiegt sich an meine Wange. Sie ist absolut
hinreißend, sie ist einfach vollkommen – und irgendwie kaum
zu glauben. Sie ist Glaube, Hoffnung und Liebe, sie ist das
Wunder des Lebens.

Ich muss noch eine zweite Geschichte erzählen, die zeigt,
von welcher Kraft das Geheimnis ist. Als ich einundzwanzig
war, stellten die Ärzte fest, dass mit meiner Fruchtbarkeit
etwas nicht stimmte. Ich führte mein eigenes kleines
Geschäft, das ich mit achtzehn aufgebaut hatte, unterstützt
von den in *The Secret* gefundenen Erkenntnissen. Ich war
zutiefst erschüttert, ich hatte mir schon immer gewünscht,
Mutter zu werden. Ich warf mich ganz auf meine Arbeit,
aber einige Jahre später deuteten weitere Anzeichen darauf
hin, dass es mit meiner Gesundheit haperte. Es musste etwas
geschehen.

Ich sah mir genau an, welche Möglichkeiten sich boten. Vor allem übte ich weiter Dankbarkeit für mein Leben und die Gelegenheit, so viele wunderbare Kinder lieben und unterrichten zu können. Ich würde den richtigen Weg finden, daran glaubte ich fest. Ich visualisierte mich als schwanger und dann mit einem Baby (eins, das ich nicht am Ende des Tages zurückgeben musste). Der Weg, der sich mir nach und nach auftat, wirkte ziemlich ungewöhnlich, aber ich wusste, es war mein Weg.

Ich entschied mich für die künstliche Befruchtung. Es war ein schwieriger Weg, zumal ich ihn allein ging. Es gab Hindernisse und Enttäuschungen, aber ich wusste, dass ich am Ende dieses Tunnels ins Licht treten würde. Ich visualisierte weiter und blieb zuversichtlich. Seltsam war nur, dass ich kein einzelnes Kind visualisieren konnte. Ich sah immer zwei. Dann fing ich an, in der realen Außenwelt überall Zwillinge zu sehen, genauso wie beim Visualisieren. Zunächst ließ ich mich nicht weiter darauf ein, aber das innere Bild war so stark, dass ich schließlich in die Visualisation von Zwillingen einwilligte. Ich hängte ein Bild von Zwillingen an meine Visionstafel und ging weiter in Richtung meines Traums. Wie freute ich mich, als es schließlich hieß, ich sei schwanger. Und dann erst beim Ultraschall in der achten Woche: Es waren Zwillinge!! Ich konnte es schier nicht fassen. Was ich

die ganze Zeit visualisiert hatte, wurde jetzt Realität.
Ich würde Mutter werden, sogar zweifache Mutter.

Jede Minute, die ich heute mit meinen beiden kleinen
Jungen verbringe, ist von Liebe und überwältigender
Dankbarkeit erfüllt. Was für ein Segen: Mir war vergönnt
zu glauben, dass man alles erreichen kann, woran man
wirklich glaubt.

Andrea, Irland

Die Wirksamkeit des Visualisierens beruht darauf, dass
die inneren Bilder das Gewünschte schon zeigen, und die
begleitenden Gedanken und Gefühle sind dann so, als
hätten Sie es bereits. Damit senden Sie dem Universum ein
so starkes Signal, dass das Gesetz der Anziehung Ihnen das
Vorgestellte als Realität zukommen lässt.

Wie kann die Kraft des Geistes physische Veränderungen
bewirken? Die alten Weisheitraditionen sagen uns immer
wieder unmissverständlich, dass alles, was wir in der stoff-
lichen Welt wahrnehmen, im Grunde Geist ist. Materie sei
eigentlich »Geist-Stoff« und deshalb auf geistigem Wege
formbar.

Die Heilung von Kindern

Eine der größten Herausforderungen für Eltern bedeutet es, wenn die Gesundheit ihrer Kinder ernsthaft in Gefahr ist. Die Eltern, deren Geschichten ich nun mit Ihnen teile, wandten die Weisheit des Geheimnisses bei der Heilung ihrer Kinder in der gleichen Weise an, wie sie es für sich selbst getan hätten.

ZURÜCK INS LEBEN

Vor Jahren hatte mir eine Freundin *The Secret* geschenkt, und jetzt stand es im Regal zwischen anderen Büchern, die ich »unbedingt irgendwann lesen« musste. Tatsächlich schlug ich es eines Tages auf, wurde aber gleich wieder von einem meiner drei Kinder abgelenkt. Am Abend stieß ich im Internet noch einmal auf *The Secret*. Es dauerte dann wenige Tage, bis ich das Buch ganz durchgelesen, mir zusammen mit meinem Mann den Film angeschaut und mir ein Dankbarkeitstagebuch eingerichtet hatte. Auch innerlich hatte ich einen Schwenk vollzogen: von der Überzeugung, dass für mich keine Wunder geschehen werden, zu der Gewissheit, dass ich absolut alles haben kann.

Zwei Wochen später reiste mein Mann geschäftlich nach China. Mein jüngster Sohn Liam, gerade sieben Wochen alt und vor der Zeit geboren, hatte mit einer Lungenentzündung zu kämpfen gehabt und war noch sehr schwach. Wieder zwei Tage später schlief er die ganze Nacht nicht, und dann sah ich, wie seine Haut bleich zu werden begann. Ich brachte ihn auf schnellstem Weg ins Krankenhaus, wo er zu atmen aufhörte. Es ging ihm sehr, sehr schlecht, und die Lumbalpunktion bestätigte den Verdacht der Ärzte. Es lag eine bakterielle Meningitis (Hirnhautentzündung) vor.

Im Verlauf der nächsten Stunden blieb Liams Herz viermal stehen, sodass er wiederbelebt werden musste. Der Arzt sagte, mein Sohn sei wirklich schwer krank und ich solle meinen Mann nach Hause rufen.

Das Ganze hätte eigentlich furchtbar für mich sein müssen, ich hätte außer mir sein müssen, aber ich war es nicht. Ich blieb ruhig, ich glaubte felsenfest, dass mein Sohn bald wieder gesund zu Hause sein würde. In der ersten Nacht war meine Mutter bei mir, als ich im Krankenhaus saß, auf meinen Mann wartete und mir dabei alles vor Augen führte, wofür ich dankbar war:

Ich war dankbar, dass ich die Geistesgegenwart besessen hatte, Liam sofort ins Krankenhaus zu bringen.

Ich war dankbar für die ausgezeichnete Arbeit der Menschen, die sich um meinen Sohn kümmerten.

Ich war dankbar für meine Freunde, die mir Rückhalt gaben, solange mein Mann noch unterwegs war.

Nie dachte ich an die schlimmen Möglichkeiten, nur an den guten Ausgang, und das machte mich stark. Je mehr meine innere Kraft zunahm, desto deutlicher ging es mit der Gesundheit meines Sohns aufwärts. Jeden Tag postete ich auf Facebook den neuesten Stand, erwähnte aber ausschließlich die guten Dinge, die inzwischen passiert waren und für die ich dankbar war. Am Schluss schrieb ich jedes Mal: *The Secret*.

Es kam der Tag, an dem wir Liam wieder nach Hause holen konnten. Niemand in der Klinik hatte damit gerechnet, dass er als Genesender entlassen würde. Alle hatten gedacht, er werde die erste Nacht nicht überstehen, und über meine Ruhe konnten sie sich nur wundern. Einer der Ärzte fragte: »Das Buch, das Sie da immer in der Hand haben, ist das eine Bibel?« Ich zeigte ihm mein schon ziemlich zerlesenes Exemplar von *The Secret* und erklärte ihm, was ich glaube und weshalb ich so gefasst geblieben war.

Ich wende das Geheimnis weiterhin an. Meistens mache ich mir am Abend eine kleine Notiz mit meinem Smartphone, in der ich mich für einen tollen Tag bedanke und meine Vorfreude auf den nächsten bekunde. Aber ich führe auch weiter mein Dankbarkeitstagebuch.

Als ich klein war, sagte meine Mutter oft: »Du willst ein Märchen, Becky, doch Märchen sind nicht die Wirklichkeit und werden es nie sein.« Ich tat so, als glaubte ich das. Aber jeden Abend im Bett dachte ich an all das Wunderbare, das mich erwartete. Viele meiner Wünsche haben sich erfüllt, doch es gab auch schwere Zeiten, und ich habe erst durch *The Secret* verstanden, dass ich alles Gute und alles Schlechte selbst in mein Leben ziehe.

Heute bin ich ganz obenauf und traue mir alles zu – Hindernisse gehören der Vergangenheit an.

Rebecca D., Birmingham, England

SCHWANGERSCHAFTSKOMPLIKATIONEN MIT GLÜCKLICHEM AUSGANG

Im Januar 2013 fiel mein Schwangerschaftstest positiv aus. Ich hatte bereits ein Mädchen zur Welt gebracht, und mein Mann und ich wünschten uns ein weiteres Kind.

Die Schwangerschaft verlief reibungslos, beim Ultraschall in der zwölften Woche sah alles völlig normal aus. Das änderte sich aber in der zwanzigsten Woche. Im Ultraschallbild war ein großer Klumpen auf dem Kopf meines Kindes zu erkennen, und das verhieß, wie ich bereits an den Gesichtern ablesen konnte, nichts Gutes. Ich suchte kurz darauf einen Spezialisten auf, um die genaue Diagnose zu bekommen.

Dieser Arzt erklärte mir, es handle sich um einen mit Flüssigkeit gefüllten Beutel und es bestehe die Gefahr, dass dieser Beutel auf das Gehirn meines Kindes drücken würde, sodass bleibende Schäden entstehen konnten. Ich spürte bereits die Bewegungen meines Kindes und hätte nicht im Traum erwartet, dass irgendetwas nicht in Ordnung sein könnte. Der Arzt sagte, es sei auf jeden Fall mit Funktionseinschränkungen zu rechnen, er könne aber derzeit noch nicht sagen, wie schwer die ausfallen würden. Es könne sein, dass mein Kind blind oder taub geboren oder nie sprechen lernen würde. Erst im weiteren Verlauf der Schwangerschaft werde man die Schwere der zu erwartenden Behinderung einschätzen können. Mir wurde auch gleich ein Abbruch der Schwangerschaft angeboten. Der Arzt sagte, die meisten werdenden Mütter würden sich für den Abbruch entscheiden, weil sie es einfach nicht aushielten, die weitere Entwicklung abzuwarten.

Zu dem Zeitpunkt war nach Einschätzung der Ärzte noch keine Schädigung des Gehirns eingetreten. Als ich mich ausgeweint hatte, fasste ich den Entschluss, alles einzusetzen, was ich durch die Lektüre von *The Secret* gelernt hatte, um ein gesundes Kind zur Welt zu bringen. Ich ließ die Ärzte wissen, dass ich die Schwangerschaft nicht abbrechen würde.

Als mein Mann und ich die Praxis verlassen hatten und wieder auf der Straße waren, landete eine durch die Luft fliegende Postkarte so zielgenau vor mir am Boden, dass ich beim Gehen den Fuß auf sie setzte. Es war eine weiße Karte, auf der stand: »Abtreibung – nein danke.« Unsere Verblüffung war groß, und wir betrachteten den Vorfall als ein Zeichen dafür, dass ich mich richtig entschieden hatte.

Daheim nahm ich mir für den Rest der Schwangerschaft vor, immer wieder ein gesund heranwachsendes Kind zu visualisieren. Ich imaginierte eine Art Metallplatte als Schutz des

Gehirns vor dem zunehmenden Druck dieser Flüssigkeitsblase. Ich visualisierte die Geburt eines gesunden Kindes
und freute mich immer schon auf die Vorsorgeuntersuchun-
gen: Ich wusste einfach, was man mir mitteilen würde, nämlich dass mein Kind gesund war und prächtig gedieh. Ich sah
das Kleine mit seiner großen Schwester spielen und bedankte
mich alle Tage für diesen Segen eines gesunden Kindes.

Tatsächlich ergaben sämtliche weiteren Untersuchungen,
dass mit meinem Kind alles in Ordnung war. Der Arzt
staunte. Bei der letzten Untersuchung in der siebenunddrei-
ßigsten Woche erfuhr ich, dass die Flüssigkeitsblase auf dem
Kopf meines Kindes nicht gewachsen war und keinen Druck
auf das Gehirn ausübte. Ich könne mit der Geburt eines vollkommen gesunden Kindes rechnen. Außerdem gab der Arzt
noch zu verstehen, dass keiner der ihm bekannten Fälle dieser Art einen so guten Ausgang genommen habe.

Unsere wunderbare Tochter Scarlett Emmie kam am 2. Oktober 2013 vollkommen gesund zur Welt. Alle mit diesem Fall
befassten Ärzte wollten sie unbedingt sehen und konnten
nicht genug darüber staunen, dass sie völlig unversehrt war.

Sie hatten prophezeit, dass Schäden entstehen würden,
deren Schwere jedoch noch nicht einzuschätzen sei. Sie hat-

ten sich getäuscht. Ich bin sicher, dass ich die Kraft weiterzu-
machen meiner Zuversicht verdanke und dass sich mein Kind
aufgrund dieser positiven Haltung gesund entwickelt hat.

Als Scarlett fünf Monate alt war, wurde die Blase auf ihrem
Kopf mit einem kleinen Eingriff entfernt, und sie entwickelt
sich weiterhin völlig normal.

Ich habe dem Geheimnis für die Gesundheit meiner Tochter
und für meine Stärke zu danken. Ich kann mich nicht sattse-
hen an ihrer Vollkommenheit. Sage niemand, es gebe keine
Wunder!

Emily, London, England

Dankbarkeit, Vertrauen und unbeirrbarer Optimismus
waren die Schlüssel zur Heilung von Rebeccas kleinem
Jungen. Selbst als es ganz schlecht um ihn stand, blieb sie
in ihrer Haltung der tiefen Dankbarkeit.

Vielfach wird uns geraten, an die schönen Dinge im Leben
zu denken, und wer das tut, bleibt automatisch in der
Dankbarkeit. Sie können nichts Besseres für sich tun, Sie
verwandeln Ihr Leben damit.

Um tiefe Dankbarkeit zu erfahren, sollten Sie sich hinsetzen und eine Liste all dessen erstellen, wofür Sie dankbar sind. Schreiben Sie so lange weiter, bis Ihnen die Tränen kommen. Dann wird ein wunderschönes Gefühl Ihr Herz umhüllen und Ihr ganzes Inneres erfüllen. Dies ist das Gefühl wahrer Dankbarkeit.

The Secret – Das Praxisbuch für jeden Tag

Vertrauen und Zuversicht waren auch entscheidend wichtig für das Überleben von Francis Sohn Kyle, der frühzeitig und mit einem Loch in der Herzscheidewand zur Welt kam.

KYLES HERZ

Mein Sohn Kyle wurde neun Wochen zu früh geboren. Er war winzig klein, aber auch sehr stark. Bei der Entbindung warnte man mich vor, dass ich wahrscheinlich keine Lautäußerungen von ihm hören würde, da seine Lunge noch nicht weit genug entwickelt war. Ein paar Minuten später hörte ich aber doch etwas und fragte:»Was war das?« Eine Schwester antwortete:»Ihr Sohn.« Mein Mann erzählte mir später, er habe es sogar vom Gang aus gehört.

Kyle hatte einen langen Weg bis zu vollständiger Gesundheit vor sich. Jeden Tag bestaunte ich seine Kraft und seinen Lebenswillen. Genau fünf Wochen nach der Geburt konnte er das Krankenhaus ohne weitere Überwachungsmaßnahmen verlassen! Die Ärzte fanden das sehr beachtlich.

Nur hatte er leider auch noch dieses Loch in der Herzscheidewand, das operativ geschlossen werden sollte, wenn er zwei Jahre alt sein würde. Die Ärzte sagten, das Loch sei so groß, dass es nicht von allein zuwachsen würde. Man werde meinen Kleinen am offenen Herzen operieren.

Meine Tante riet mir, den Defekt als geschlossen zu visualisieren und jeden Tag immer wieder zu sagen:»Kyles Herz ist gesund! Kyles Herz ist gesund!« Ich visualisierte und sprach mein Mantra immer und immer wieder.

Zur Vorbereitung auf die Operation wurden dann die üblichen Untersuchungen gemacht, und es stellte sich heraus, dass das Loch nur noch etwa halb so groß wie am Anfang war. Bei weiterer spontaner Besserung kam jetzt ein weniger invasiver Eingriff infrage, sodass man die Operation um ein halbes Jahr verschob. Ich visualisierte mein Kind also weiter mit gesundem Herzen, und nach diesem halben Jahr war das Loch tatsächlich noch kleiner geworden.

»Warten wir weiter ab«, sagte der Arzt wieder. Wir warteten und konnten erleben, wie es Kyle zusehends besser ging. Er war immer ganz schnell außer Atem gewesen, wenn er auch nur das Zimmer durchquerte, jetzt rannte er, was die Beine hergaben, und brauchte nicht mehr anzuhalten, um wieder zu Atem zu kommen. Ich visualisierte weiter, ich glaubte fest an den Erfolg.

Es kam der Arzttermin mit den üblichen Tests, und anschließend kam der Kardiologe im Sauseschritt herein und sagte strahlend: »Ich will Sie hier nie wieder sehen. Das Loch hat sich geschlossen.« Er zeigte mir eine Aufnahme, und da konnte ich es mit eigenen Augen sehen. Der Arzt sprach von einem Wunder. Dass sich ein so großes Loch in so kurzer Zeit schloss, hatte er noch nie erlebt.

Das Geheimnis mit seiner Kraft hat meinem Sohn ein neues Leben geschenkt.

Franci K., Doylestown, Pennsylvania, USA

Sie werden sich vielleicht fragen, wie man mitten in einer gesundheitlichen Krise so unbeirrbar an einen guten Ausgang glauben kann. Nun, wir können da zum Beispiel ganz kindlich vorgehen und einfach so tun als ob. Wir sagen uns, dass das Gewünschte bereits eingetreten ist. In solchem Glauben, der nicht kleinzukriegen ist, liegt große Kraft. Wenn Sie glauben, können Sie sicher sein, dass Sie Erstaunliches zu sehen bekommen werden.

GLAUBE SENKT FIEBER

Ich bin glücklich und dankbar, und zum ersten Mal in meinem Leben meine ich es wirklich und fühle es auch.

Als meine Tochter ein Jahr alt war, musste sie ins Krankenhaus. Sie hatte eine Lungenentzündung mit bedenklichen Komplikationen. Sie war in einer furchtbaren Verfassung, man musste ihr sogar Dränagen legen.

Ich war die gesamte Zeit bei ihr. Den ganzen ersten Tag weinte sie, und ich fühlte mich sehr schlecht. Dann schenkte mir eine Freundin die DVD *The Secret*, und alles änderte sich. Ich weinte nicht mehr, hörte mir schöne Musik an, lachte viel mit meiner Tochter und auch mit dem Personal.

Trotz der Antibiotika blieb das Fieber jedoch hoch, und die Ärzte sagten, man werde operieren müssen, sollte das Fieber nicht innerhalb der nächsten vierundzwanzig Stunden zurückgehen.

Allen in der Familie erzählte ich, die Kleine werde das Krankenhaus am nächsten Tag verlassen, weil sie fieberfrei sein werde. An dem Tag packte ich alles zusammen, zog meiner Tochter die normale Kleidung an und wartete auf den Entlassungsschein, den ich unterschreiben musste. Die Schwester wird wohl gedacht haben, dass *ich* jetzt im Fieberwahn war. Aber als sie dann bei meiner Tochter die Temperatur nahm, machte sie große Augen. Nach drei hochfieberhaften Wochen war die Temperatur plötzlich normal, sie konnte sogar allein trinken. Die Operation wurde abgesagt, und am nächsten Tag konnten wir nach Hause.

Moxi, Israel

Heilung von Haustieren

Die Geheimnis-Praktiken, mit denen wir uns selbst oder unsere Kinder heilen, können wir auch bei Tieren anwenden. Wenn für andere Menschen ein anderer Weg vorgezeichnet ist, gibt es nichts, womit wir uns darüber hinwegsetzen können, aber Tiere sind immer empfänglich für gute Gedanken und Gefühle.

EIN RIESIGER TUMOR–
EINFACH WEG!

Als meine heiß geliebte Schäferhündin zehn Jahre alt war, fand der Tierarzt einen Tumor von der Größe einer Grapefruit auf ihrer Leber. Ich war frisch geschieden und sagte mir, dass Panik jetzt nicht infrage kam. Ich kannte das Geheimnis noch nicht und versuchte deshalb auch nicht, meinen Hund zu heilen, sondern schenkte dem Tumor einfach keine Aufmerksamkeit.

Ein paar Monate später hatte ich ein neues Zuhause gefunden und mich eingelebt. Ich suchte mir in dieser Gegend eine neue Tierärztin und ließ meine Schäferhündin von ihr untersuchen. In der Hoffnung, dass sich der erste Tierarzt geirrt haben könnte, erwähnte ich nichts von dem Tumor. Aber diese Ärztin sagte mir dasselbe: ein riesiger Tumor auf der Leber. Sie meinte, sie könne versuchen, genau zu ermitteln, um was für eine Geschwulst es sich handelte, aber alles sprach dafür, dass sie bösartig war, und das ganze Verfahren erschien mir bei einer Schäferhündin, die bereits jenseits der durchschnittlichen Lebenserwartung dieser Rasse war, nicht sehr sinnvoll. Ich wollte ihr keine qualvollen Eingriffe zumuten, die wahrscheinlich doch nichts brachten.

Dann stieß ich auf *The Secret* und machte mich sofort ans Werk. Ich erzählte ihr und mir jeden Abend, dass sie vollständig geheilt sei. Ich sagte nicht, der Tumor sei weg; ich wusste, dass er gar nicht erst erwähnt werden sollte. Anfangs hatte ich etwas Mühe, mir positive Formulierungen für alles zu überlegen. Deshalb erzählte ich ihr einfach, alle ihre Organe seien völlig in Ordnung und arbeiteten normal, auch ihre Verdauung. Sie sei vollkommen gesund, betonte ich immer wieder. Und ganz im Innern *wusste* ich, dass sie geheilt war. Ich sagte es ihr jeden Abend und auch tagsüber, wenn ich gerade daran dachte. Ich machte mir keine Sorgen, ich hatte keine trübsinnigen Gedanken. Da war nur diese Zuversicht, dass sie geheilt war.

Vier Monate später brachte ich meine Hündin wieder zur Tierärztin. Sie untersuchte sie und dann noch einmal und noch einmal. Sie konnte es nicht glauben, aber der Tumor war nicht mehr da. Sie fragte mich, was ich gemacht habe, und ich sagte, ich hätte gebetet; dieser Ausdruck, dachte ich, sei sicher verständlich für die Tierärztin. Sie notierte auch: Gebete.

Lucinda M., Kalifornien, USA

Lucinda wusste, dass sie das Als-ob-Spiel spielen musste. Wenn ihre Affirmationen wirken sollten, musste sie mit ihrer Hündin reden, als wäre sie vollkommen gesund. Auf die Geschwulst ging sie überhaupt nicht ein, das hätte dieser nur Kraft zugeführt.

*Sie können den Lauf Ihres Lebens verändern –
vom Dunklen zum Hellen oder vom Negativen
zum Positiven. Jedes Mal, wenn Sie sich auf das
Positive konzentrieren, bringen Sie ein wenig
mehr Licht in Ihr Leben, und Sie wissen ja, Licht
bereitet jeder Dunkelheit ein Ende. Dankbarkeit,*

Liebe, liebevolle Gedanken, Worte und Taten bringen Licht und vertreiben die Finsternis.

Erfüllen Sie Ihr Leben mit dem Licht der Positivität!

The Secret – Das Praxisbuch für jeden Tag

AN DAS BESTE GLAUBEN

Einmal wollte mein wunderbarer zwölfjähriger Cockerspaniel nicht fressen, und das war noch nie vorgekommen. Trinken war offenbar auch kaum noch möglich, jedenfalls troff ihm das Wasser aus dem Maul, und er konnte es nicht schlucken.

Ich ging mit ihm zum Tierarzt, und noch im Wartezimmer lief ihm plötzlich Blut aus dem Maul. Im Behandlungsraum hieß es, man müsse ihn zur genaueren Untersuchung betäuben, aber in seinem Alter könne es sich um einen Abszess durch einen faulen Zahn handeln. Also überließ ich meinen Hund dem Arzt und verabredete einen Zeitpunkt, zu dem ich ihn wieder abholen würde.

Dann kam dieser bestürzende Anruf. Mein Hund lag noch auf dem Operationstisch, und der Arzt teilte mit, sie hätten einen großen Tumor in der Zunge und einen weiteren unter der Zunge gefunden. Auch an der Brust sei ein Knoten tastbar. Er sagte, es handle sich seiner Meinung nach um eine sehr aggressive Form von Krebs, und in einem solchen Fall sei es das Beste, den Hund gar nicht wieder aus der Narkose aufwachen, sondern ihn sanft einschlafen zu lassen.

Ich war entsetzt, aber es kam für mich nicht infrage, meinen Hund einschläfern zu lassen, ohne eine vollkommen sichere Diagnose zu haben. Ich beauftragte den Tierarzt, Gewebeproben aus allen Tumoren zu entnehmen, außerdem das Gebiss zu untersuchen und, falls erforderlich, in Ordnung zu bringen. All das tat er zwar, aber er ließ auch durchblicken, dass ich meinem Hund nur unnötige Leiden und mir selbst unnötige Kosten aufbürdete. Mein Hund habe höchstens noch zwei Wochen zu leben, und ein gutes Gebiss würde ihm da auch nicht viel nützen.

Als ich ihn nach Hause holte, war sein Zustand für die ganze Familie sehr schwer zu ertragen. In der Nacht hatte er so unsägliche Schmerzen, dass ich mir schließlich doch ziemlich eigennützig vorkam und meine Entscheidung für einige Augenblicke bedauerte.

Dann fiel mir aber das Geheimnis ein, und von da an setzte ich alles daran zu glauben, dass es sich lediglich um eine Entzündung und nicht um Krebs handelte. Mit jeder Faser meines Herzens glaubte ich an seine Genesung. Und immer wenn ich einen Augenblick Zeit hatte, dankte ich dem Universum für seine Heilung und dafür, dass er wieder ganz der Alte sein würde. Ich kann von mir behaupten, dass ich das wirklich geglaubt habe, und ich sagte es auch jedem: Alles sei gut, die Genesung habe bereits eingesetzt.

Bei einer Nachuntersuchung ein paar Tage darauf wurden Schmerzmittel und Antibiotika verordnet; das sei alles, was man tun könne, um ihm seine Lage erträglicher zu machen. In der Woche danach vertraute ich voll und ganz auf die Heilung meines Hundes und ließ andere Gedanken gar nicht erst zu.

Dann rief der Tierarzt an, um die Ergebnisse der Gewebeuntersuchungen mitzuteilen, die er selbst überhaupt nicht verstand, denn es war kein Krebs gefunden worden. Er sagte, er habe wahrscheinlich bei der Entnahme keine Krebszellen erwischt, aber andererseits sei es doch seltsam, dass alle drei Proben negativ waren. Für mich war daran nichts Seltsames, und ich glaubte auch nicht an Fehler. Zu allem Überfluss hatte sich herausgestellt, dass das Gebiss meines Hundes in Ordnung war.

Ich danke dem Universum jeden Tag für seine Gesundheit – und dafür, dass ich an dem Tag, an dem alles so hoffnungslos aussah, nicht auf den Tierarzt gehört habe.

Jane J., Ascot, Berkshire, England

Glück – das Elixier der Gesundheit

Fassen Sie den Entschluss, dass Sie von *jetzt* an Ihr Augenmerk überwiegend auf glückliche Gedanken richten werden, und Sie setzen etwas in Gang, was Ihren Körper reinigen und erneuern wird. Glücksgedanken sind für den Körper die stärksten Gesundheitsimpulse überhaupt.

Wir führen gern alle möglichen Gründe dafür an, dass wir nicht glücklich sein können. Aber wenn Sie Ihr Glück auf die lange Bank schieben und Bedingungen stellen wie:»Ich werde glücklich sein, wenn…«, kann es sein, dass es nie zu Ihnen findet, und außerdem schaden Sie damit Ihrem Körper. Glück ist für ihn *der* Gesundheits-Zaubertrank, also seien Sie jetzt glücklich, und führen Sie keine Gründe dagegen an.

Wenn das Verhältnis zwischen Ihrem Herzen und Ihrem Geist ausgewogen *ist, führen Sie ein glückliches Leben. Sind Herz und Geist im Gleichgewicht, herrscht in Ihrem Körper – und in Ihrem Leben – vollkommene Harmonie.*

The Secret – Das Praxisbuch für jeden Tag

Schlüssel zur Gesundheit

- *Bei jeder sogenannten unheilbaren Krankheit sind Fälle dokumentiert, in denen es doch zur Heilung kam. Hoffnungslose Fälle gibt es nicht.*

- *Geistige Heilung lässt sich sehr gut mit konventioneller Medizin verbinden.*

- *Wenn Sie sich vorstellen können, dass es Ihnen gutgeht, und wenn Sie es auch fühlen können, steht der Verwirklichung nichts mehr im Weg.*

- *Wenn Sie nicht an Ihre Gesundung glauben können, müssen Sie umdenken, damit sich bei Ihrer Gesundheit etwas ändern kann.*

- *Üben Sie sich in Gedanken, Gefühlen und Worten des Wohlbefindens. Stellen Sie sich vor, dass es Ihnen rundum gutgeht.*

- *Was Sie auch bisher angezogen haben mögen, Sie können es wieder ändern: mit einem guten Gedanken und dann noch einem und noch einem.*

☞ *Wenn Sie körperlich und geistig gesund bleiben möchten, dürfen Sie negativen Gedanken keinen Glauben schenken. Wenden Sie sich anderen Gedanken zu, solchen der Schönheit, Liebe, Dankbarkeit und Freude.*

☞ *Visualisieren Sie Bilder und Szenen der Gesundheit, seien Sie hemmungslos, lassen Sie sich ganz davon erfüllen.*

☞ *Glück ist* das *Gesundheitselixier für Ihren Körper. Verlegen Sie sich immer mehr auf Glücksgedanken, und Ihr Körper wird sich von allem befreien, was ihn beschwert.*

☞ *Mit Ihren positiven Gedanken und Gefühlen können Sie nicht nur sich selbst, sondern auch ein Kind oder ein Haustier heilen.*

Sollten Sie sich eine bestimmte Stelle
gewünscht und nicht bekommen haben,
teilt Ihnen das Universum auf diesem
Wege mit, dass die angestrebten Ziele
nicht gut genug waren und Ihrem Traum
nicht wirklich entsprochen haben. Es
erklärt Ihnen auch, dass es etwas Besseres
für Sie hat, das Ihrer würdiger ist.
Etwas Besseres ist auf dem Weg
zu Ihnen … und Sie dürfen
sich darauf freuen!

The Secret – Das Praxisbuch für jeden Tag

The Secret
für die Karriere einsetzen

Sie können sämtliche Prinzipien und Praktiken des Geheimnisses einsetzen, um alles anzuziehen, was Sie sich wünschen, und deshalb gibt es keine beruflichen Sackgassen, aus denen Sie nicht wieder herauskämen, keine unsichtbaren Barrieren, die nicht zu durchbrechen wären, keinen Traumjob, den Sie nicht haben könnten.

Immer nur das Erwünschte im Blick behalten

Wenn Ihr Leben nicht so läuft, wie Sie es gern hätten, kann es schnell passieren, dass Sie enttäuscht und deprimiert sind. Aber Sie wissen inzwischen und haben wie so viele andere Menschen auch erlebt, dass negative Gedanken immer weitere unerfreuliche Umstände nach sich ziehen. Bleiben Sie jedoch mit Ihren Gedanken konsequent beim Erwünschten, ziehen Sie es an, und die stärkste Kraft überhaupt hilft Ihnen dabei.

ÜBERALL SCHIKANEN!

Jahr für Jahr hatte ich bei jeder Arbeitsstelle immer wieder mit den gleichen Ärgernissen zu kämpfen und war schließlich richtig sauer. Gott war schuld, ich war wütend auf Gott; und je wütender ich war, desto schlimmer wurden die Dinge und desto mehr hasste ich Gott.

Einmal fing ich bei einer Druckerei an und war dort für die elektronische Druckvorbereitung zuständig. Dauernd sah ich mich verstohlen um und versuchte festzustellen, ob hier alles wieder so laufen würde wie immer oder ob es *diesmal* endlich anders war. Es sah so aus, als käme ich mit allen wirklich gut zurecht. Es machte richtig Spaß, auch die Zusammenarbeit mit den Kollegen und meinem unmittelbaren Vorgesetzten. Drei Monate nach meinem Eintritt fasste der Inhaber der Druckerei jedoch den Plan, in den digitalen Druck einzusteigen, und fragte mich, ob ich die Druckvorbereitung für den digitalen Drucker übernehmen könne. »Na klar, sehr gern«, sagte ich.

Jetzt war aber der *eine* Typ, mit dem niemand in diesem Betrieb zurechtkam, mein Vorgesetzter. Er schikanierte mich, wo er nur konnte, er legte mir gehässige Notizen hin, wenn ich in der Mittagspause war, und er machte am laufenden Band Fehler, die er dann mir anhängte. Um es kurz zu machen, ein halbes Jahr später feuerten sie mich.

Alles aus, dachte ich. Am liebsten hätte ich mich umgebracht. Oh, ich hatte es so satt! Ich sah Gott da oben, wie er mich auch noch auslachte. Der Hass erstickte mich schier.

Eine Freundin schenkte mir die DVD *The Secret*, und jetzt endlich begriff ich, wie ich das alles selbst so eingerichtet hatte, dass ich in jedem Job schikaniert wurde. Es leuchtete mir vollkommen ein. Ich hatte immer Gedanken wie diese gehabt: »Wehe, wenn er mir noch mal so kommt«, »Wieso muss ich immer mit den schwierigsten Typen in der ganzen Firma zusammenarbeiten?«, »Ich bin nicht gut genug, hoffentlich schmeißen sie mich nicht raus«, »Hoffentlich merken sie nicht, dass ich mich nicht richtig auskenne«, »Hoffentlich kommen sie nicht darauf, dass bei mir alles nur Fassade ist« –

so oder so ähnlich sah mein stetiger Strom negativer Gedanken aus.

Jetzt schrieb ich diese Gedanken alle auf, sah ihre fratzenhafte Verzerrung und formulierte dann das Gegenteil auf der gegenüberliegenden Seite. Das fühlte sich anfangs fast noch schlimmer an, sodass ich meine Aussagen lieber als Fragen oder Wünsche formulierte, zum Beispiel: »Wie würde ich mich fühlen, wenn ich wüsste, dass ich mit umgänglichen, anständigen Leuten zusammenarbeite?«, »Wie wäre es, wenn ich mehr Geld verdiente als je zuvor?«, »Irgendwann würde ich gern in einem Verlag arbeiten, das wäre toll. Ich möchte da ab dem ... (hier trug ich das Datum ein) arbeiten« und so weiter.

Genau an dem Tag, den ich eingetragen hatte, wurde ich von einem Verlag angerufen und verabredete einen Termin zum Einstellungsgespräch. Ich bekam den Job. Ich arbeite inzwischen nicht mehr dort, aber meine Kollegen waren so ziemlich die umgänglichsten, verständnisvollsten und anständigsten Menschen, mit denen ich bis dahin zu tun hatte. Ich ahnte nicht, dass es solche Betriebe überhaupt gab.

Und tatsächlich, ich verdiente mehr Geld als je zuvor.

Angstgedanken können auch heute noch vorkommen, aber ich lasse mich nicht mehr groß auf sie ein. Ich weiß, dass ich sie nicht weiterdenken muss. Früher wusste ich einfach nicht, dass es mir freistand. Wenn heute ein unbehaglicher Gedanke hochkommt, konzentriere ich mich auf das Gegenteil, und wenn das meine Möglichkeiten im Moment übersteigt, mache ich eine Frage daraus: »Wie würde ich mich fühlen, wenn ...?« Das hat sich für mich als ein hochwirksames Instrument erwiesen.

Perfekt bin ich darin noch nicht. Es gibt Tage, an denen ich sogar mehrere Rückschritte mache (und das kommt öfter vor, als mir lieb sein kann). Aber ich habe jetzt mein eigenes kleines Unternehmen und verdiene sogar noch mehr als im Verlag. Mein Geschäft wächst so schnell, dass ich bereits an Expansion denke.

Ich kann jedem nur wünschen, dass er dieses Verfahren einmal ausprobiert. Es funktioniert wirklich. Und wenn der Erfolg bei Ihnen ausbleibt, fragen Sie sich: »Wie würde ich mich fühlen, wenn es bei mir *doch* ginge?« Und dann wird es gehen.

Annette, Orlando, Florida, USA

Sie können nie sagen, das Gesetz der Anziehung funktioniere nicht, da es unaufhörlich arbeitet. Wenn Sie nicht haben, was Sie sich wünschen, können Sie darin die Folgen Ihres Umgangs mit dem Gesetz erkennen. Wenn Sie nicht haben, was Sie sich wünschen, erschaffen Sie nämlich das Nichthaben. *So oder so erschaffen Sie also etwas, und das Gesetz reagiert auf Sie.*

Wenn Sie das verstehen, können Sie Ihre unglaubliche Kraft so einsetzen, dass Sie das Gewünschte anziehen.

The Secret – Das Praxisbuch für jeden Tag

WIE KOMMT MAN ZUM GLAUBEN?

Nach dem College-Abschluss suchte ich viele Monate lang vergeblich eine Stelle. Ich las *The Secret* etliche Male und sah mir den Film an. Das krempelte zwar mein Denken um und verhalf mir zu einem besseren Weltbild, aber ich tat mich immer noch schwer zu glauben, dass ich meinen Job bereits hatte – und das stand auf meiner Wunschliste für das Universum ganz oben.

Dann jedoch ging mir nach einer Woche mit etlichen Bewerbungen, die nicht einmal beantwortet wurden, ein Licht auf. Ich bemühte mich, ganz optimistisch zu bleiben, jeden Tag notierte ich in meinem Tagebuch, wie dankbar ich für meinen Job war, aber ich dachte und agierte nicht wirklich so, als hätte ich ihn bereits. Mir wurde klar, dass ich mit dem Schreiben von Bewerbungen und dem Warten auf Antworten gar nichts erreichen würde, weil ich ja mit meinem Suchen selbst dafür sorgte, dass ich immer weiter suchen würde! Ich musste demnach so leben, als wäre ich tatsächlich angestellt.

Ich stand sehr früh auf, als müsste ich alle Vorbereitungen für den Weg zur Arbeit treffen. Ich suchte nicht mehr täglich nach Jobs, um dann in mein Tagebuch zu schreiben, wie dankbar ich sei, dass mein Job zu mir unterwegs war. Dafür schrieb ich jetzt, wie dankbar ich sei, dass meine Arbeit so gut lief, wie gern ich in diesem Betrieb arbeitete und wie sehr ich die Leute mochte, mit denen ich zu tun hatte. Ich überlegte mir für die ganze Arbeitswoche, was ich jeweils tragen würde, ich richtete mir ein Konto für meine Gehaltszahlungen ein. Ich verbrachte mit Freunden, die Arbeit hatten, den Feierabend und ließ mir – ganz ohne die früheren Neid- und

Minderwertigkeitsgefühle – von ihrem Arbeitstag erzählen. Ich wusste einfach, dass ich ebenfalls bereits einen Job hatte und es keinen Grund für ungute Gefühle gab. Außerdem hielt ich mich fit, was das Tippen und alle sonstigen Computerkenntnisse anging.

Es dauerte dann nicht mehr lange, bis ich *fühlte*, dass ich einen Job und einen festen Wochenplan hatte.

Ich ging also dazu über, so zu tun, als hätte ich einen Job, und von da an dauerte es keine zwei Wochen, bis mir jemand von einer Stelle erzählte, die für mich wie geschaffen sei. Ich wusste schon vor dem Einstellungsgespräch, dass ich den Job bekommen würde, und so war es auch. Besonders spannend finde ich an dieser neuen Stelle, dass alles ganz so läuft, wie ich es in meinem Tagebuch geschildert hatte. Jetzt schreibe ich immer im Voraus, wie ich mir den Tagesverlauf wünsche, und so läuft es dann auch zuverlässig.

Ich bin so dankbar für das Geheimnis, denn ohne *The Secret* hätte ich nie herausgefunden, dass man an die Dinge glauben muss, bevor sie Realität werden können. Und ich würde ganz sicher nicht so leben, wie es jetzt der Fall ist.

Kate, Long Island, New York, USA

Anfangs passte Kates Verhalten nicht zu ihren Wünschen, und so verhinderte sie letztlich selbst den Empfang dessen, was sie sich wünschte. Erst als sie anfing, so zu tun, als hätte sie den Job bereits, konnte sie es auch glauben; und sobald sie glaubte, bekam sie ihn.

WENN DIR ALLES GENOMMEN WIRD, HAST DU IMMER NOCH DAS GEHEIMNIS

Als mir mein gut bezahlter Job gekündigt wurde, kostete es mich fünfzehn lange und deprimierende Monate, in denen ich nichts unversucht ließ, bis ich wieder eine Vollzeitstelle hatte, die mir aber keine Aufstiegschancen bot. Ich verdiente hier nur die Hälfte und war außerdem stark überqualifiziert. Ich hasste diese Arbeit, ertrug sie aber vier Jahre lang und redete mir ein, es werde schon »etwas Gutes« dabei herauskommen. Oh, wie falsch ich da lag!

Mein Mantra lautete in dieser Zeit: »Sei dankbar, Mensch, und stell dich nicht so an.« Jede Stunde meines Arbeitstags war mir zuwider, aber ich lernte, meine Gefühle unter Verschluss zu halten und mich an den winzigen Hoffnungsschimmer zu klammern, dass ich in dieser Firma doch noch etwas werden würde.

Doch nachdem ich über fünfundsiebzig Bewerbungen losgelassen hatte, die mir ganze fünf Jobgespräche und kein einziges Angebot einbrachten, hatte ich die Nase endgültig voll. So viel war klar: Das Leben, das ich mir wünschte, würde mir nicht einfach widerfahren; ich musste schon selbst dafür sorgen, dass es zu mir fand.

Und hier kommt das Geheimnis ins Spiel. Ungefähr ein Jahr vor diesem Tag hatte ich *The Secret* gelesen, und jetzt war klar, dass ich es *anwenden* musste. Ich legte mir ein Tagebuch an und entwarf darin eine Welt, in der ich meine Arbeit mit Vergnügen tat. Ich nutzte alle in *The Secret* empfohlenen Tricks, um mich voll und ganz in diese Welt zu versenken. Ich lebte jeden Tag mit allen Sinnen darin: Ich sah mein Büro vor dem inneren Auge, ich tippte innerlich auf der Tastatur meines Computers, ich roch die Möbelpolitur, mit der mein ausladender Mahagonischreibtisch gepflegt wurde, ich führte Gespräche mit meinem Team (ich gab meinen Leuten sogar richtige Namen und stattete sie mit Körpertypen und Persönlichkeitszügen aus) und hatte den Geschmack der Tacos im Mund, die ich in der Mittagspause verspeisen würde. Ich nahm an Besprechungen teil und gab Präsentationen. Ich war ganz in dieser Welt, ich war richtig da!

Und das Universum fing an, die Dinge in die Wege zu leiten. Ich bekam mehr Einladungen zu Aufstiegsgesprächen, in denen es richtig ernst wurde, und am Schluss standen zwei Angebote, die mir beide sehr zusagten. Eins nahm ich an.

Das Geheimnis – du glaubst es, bis du es erwartest und schließlich fühlst und siehst und berührst und lebst!

Kelly B., Indianapolis, Indiana, USA

Kelly warf sich hundertprozentig auf die Manifestation des genauen Gegenteils seines derzeitigen Lebens. Er ließ sich mit allen Sinnen auf jedes Detail des gewünschten neuen Arbeitsumfelds ein, bis er wirklich darin zu leben glaubte. Er ist der wandelnde Beweis dafür, dass wir unserem Leben in jeder Sekunde eine neue Richtung geben können.

Falls es einmal nicht gut läuft, halten Sie inne und wechseln Sie bewusst die Frequenz. Läuft dagegen alles reibungslos, machen Sie einfach weiter wie bisher.

The Secret – Das Praxisbuch für jeden Tag

Das Wie ist nicht Ihre Aufgabe

Im beruflichen Umfeld gilt wie in allen anderen Bereichen des Lebens, dass Sie sich nicht darum zu kümmern brauchen, *wie* Sie an den Job, die Karriere, die Chance Ihrer Träume kommen. Das Universum wird für die Manifestation Ihrer Wünsche alle Menschen, Umstände und Ereignisse so zusammenführen, wie Sie es nie könnten. Befassen Sie sich also lieber gar nicht erst mit der Frage, *wie* die Verwirklichung Ihrer Wünsche laufen soll; fühlen Sie sich einfach so, als hätten Sie das Gewünschte bereits.

MEIN BUCH WIRD VERLEGT!

Als ich *The Secret* gesehen hatte, schrieb ich anschließend gleich alle meine Ziele auf und hängte sie mir über den Schreibtisch. Eines meiner sieben Hauptziele war die Veröffentlichung meines Gedichtbands durch einen namhaften Verlag. Zwei Monate lang habe ich nichts weiter getan, als das zu visualisieren und den Freudentaumel nach der Annahme des Manuskripts im Voraus zu genießen.

Ich war fünfundzwanzig und wusste nicht, wie man da vorgeht, ich wusste nur, dass es geschehen würde. Die meisten

Lyriker, die schon Bücher veröffentlicht haben, erzählen einem, dass man viele Gedichte in einschlägigen Zeitschriften veröffentlicht haben muss, bevor ein Erscheinen in Buchform auch nur in Betracht kommt.

Ich glaubte das nicht. Ich glaubte ganz einfach, dass mein Buch innerhalb eines Jahres angenommen und produziert werden und dann im Buchladen stehen würde.

Ich fing an zu visualisieren, und schon nach zwei Wochen bekam ich vom Lektor eines bekannten Verlags eine E-Mail, in der er mitteilte, man erwäge die Veröffentlichung meines zwei Monate zuvor eingesandten Manuskripts. Ich hatte das längst vergessen und war völlig baff.

Ich druckte mir das Gemälde aus, das ich mir als Umschlagbild wünschte, und schrieb den Titel darauf. Außerdem verfasste ich den Abschnitt »Dank«, den mein Buch bekommen sollte, und formulierte auch gleich noch die definitive Nachricht dieses Lektors, dass mein Buch angenommen sei. Beides hängte ich mir über mein Bett. Von da an visualisierte ich ständig, was ich tun würde, sobald die frohe Botschaft kam: wie ich in meinem Kurs die Champagnerkorken knallen lassen und wie ich meine Eltern anrufen würde. Ich entwarf die Einladung zur Feier dieses großen Tags. Einigen meiner

Schüler erzählte ich von der Veröffentlichung meines Buchs.

Es dauerte dann auch nicht lange, bis dieser Lektor anrief und sagte, er würde meine Gedichte gern herausbringen. Mit dem Vertrag und allem Weiteren könne ich in nächster Zukunft rechnen.

Wow, das Geheimnis funktioniert!

Maria N., New York, New York, USA

Falls es Ihnen auf den Nägeln brennt, die Dinge irgendwie zu deichseln, lassen Sie sich sagen, dass Sie Ihre eigene Schöpfung behindern, wenn Sie dem Universum auch nur *einen* Schritt des Wie abzunehmen versuchen. Damit würden Sie ja sagen, dass Sie das Gewünschte nicht haben, und damit ziehen Sie immer mehr Nichthaben an.

Maria wusste nicht, *wie* ihr Traum Wirklichkeit werden würde, aber sie besaß die Geistesgegenwart, sich so zu verhalten, als wäre es bereits so; und genau dieses Verhalten beschleunigt die Manifestation.

HOFFNUNG

Ich habe mich schon viele Jahre mit Selbsthilfebüchern auseinandergesetzt und das Gelernte auch immer anzuwenden
versucht, aber irgendwie wollte es nicht so richtig anschla-
gen. Dann habe ich vor ein paar Jahren das Geheimnis entdeckt, und hier fügte sich auf einmal alles zusammen, wurde
für mich verständlich und anwendbar. Es war für mich das
»Missing Link«: wünschen, glauben, bekommen. *Das* war es,
die Essenz der Lehre und zugleich so einfach! Fantastisch.

In der Zeit, in der ich das Geheimnis entdeckte, lebte ich in
einer schrecklichen Ehe und hatte einen Job, der keinerlei
Aussichten eröffnete. Alles, was ich unternahm, schlug fehl,
und ich begriff nicht, woran das lag, zumal ich mich immer als
positiv eingestellten Typ gesehen hatte, als Selbsthilfe-Guru.

Jetzt wandte ich das Geheimnis in allen Bereichen meines
Lebens an, und überall wurden sofort Verbesserungen sicht-
bar.

Das fing mit dem Beruf an. Zwischen zwanzig und dreißig
war ich Schauspieler geworden, aber als mit dreißig die Kinder kamen, brauchte ich einen »Brotberuf«. Es ging mir
dabei überhaupt nicht gut, aber ich dachte, es müsse so sein.

Als ich *The Secret* gelesen hatte, ließ ich meinen gut bezahlten sicheren Job sausen. Dahinter standen keine echten Pläne, keine Strategie, nur mein Glaube und eine »Bestellung beim Universum«, und die lautete auf einen Beruf, der meiner Passion und Liebe zur Schauspielerei entsprach.

Keine drei Monate später hatte ich eine kleine Rolle in einem Low-Budget-Film. Im nächsten halben Jahr kamen zwei weitere Rollen. Ich fing an, größere Bestellungen aufzugeben. Ich wollte ein stressfreies Leben und ordentlich Geld für mein Immobiliendarlehen und die normalen Lebenshaltungskosten.

Dann folgte ein Vorsprechen, das meinem Leben eine neue Wendung gab. Es ging um einen einjährigen Schauspielvertrag in Singapur! Ich stellte dem Universum keine Fragen, ich bedankte mich, zog es durch und bin seitdem wie auf einem fliegenden Teppich unterwegs.

Die schreckliche Ehe wurde beendet, und heute stehe ich mit meiner Ex besser als je zuvor. Das Verhältnis zwischen mir und meinen Kindern ist sehr gut, ich konnte ihnen sogar Ecken der Welt zeigen, von denen zuvor nicht einmal zu träumen war. Ich erspiele mir meinen Lebensunterhalt und tue das, was ich wirklich gern tue. Das Universum trägt alle

Kosten. Ich lebe in einer schönen Eigentumswohnung, die mich heute keinen Cent mehr kostet. Ich verdiene mehr als je zuvor und arbeite deutlich weniger als früher. Diese Arbeit fühlt sich nicht wie Arbeit an, und ich komme viel herum.

Ich fühle mich auch um einiges jünger, bin viel glücklicher und habe kaum Stress – so gut hatte ich es noch nie!

Ich war einer von denen, die nicht wirklich glauben, dass sie all das haben können. Das Schöne war immer nur für die anderen. Heute glaube ich wirklich.

Ich möchte Rhonda und dem Universum für all das Schöne in diesem Leben danken, und ich meine nicht nur das Materielle, sondern auch die spirituellen Geschenke.

Darrell B., Singapur

Darrell bekam alles, was er sich wünschte, auch wenn er keine Ahnung hatte, wie das gehen sollte. Das gilt ebenso für Roland, der uns die nächste Geschichte erzählen wird. Was sie verbindet, ist eine klare Vorstellung von dem, was sie sich wünschten, und der felsenfeste Glaube, dass sie es bekommen würden.

WO EIN WILLE IST, IST AUCH EIN WEG

Als Erstes möchte ich mich ganz herzlich beim Team von *The Secret* bedanken. Durch euch findet das Geheimnis heute weltweite Verbreitung und ist auch denen zugänglich, die sonst vielleicht nie darauf gestoßen wären.

Seit ich zwölf war, wollte ich immer als professioneller Schlagzeuger in Los Angeles wohnen. Nicht einmal jeder zehnte Musiker kann von seiner Kunst tatsächlich leben. Ich hatte da, wo ich wohnte, durchaus einen gewissen Erfolg, war aber weit davon entfernt, mit meiner Musik genug Geld verdienen zu können, arbeitete also noch in einem zusätzlichen Job. Ich hatte immer das Gefühl, dass ich eigentlich nach LA gehörte, wo Musik und ihre Vermarktung florieren und an fünfundneunzig von hundert Tagen die Sonne scheint.

In gewissem Umfang habe ich anscheinend manche Regeln des Geheimnisses immer schon angewendet, ohne es zu wissen. Jedenfalls habe ich mir nie Sorgen um das Geld gemacht, und es war immer vorhanden, wenn ich welches brauchte. Seit ich jedoch *The Secret* gesehen habe, setze ich sehr viel mehr Power dahinter. Ich habe mir das Hörbuch gekauft und jeden Tag reingehört. Es war mir wichtig, jede Einzelheit ganz in mich aufzunehmen und anzuwenden.

Vor drei Monaten habe ich meine Arbeitsstelle gekündigt, ganz in dem Gefühl, dass es richtig so war. Ich hatte keine Ahnung, wie ich mein Geld verdienen oder wie es überhaupt weitergehen würde. Trotzdem war ich ganz entspannt und verließ mich darauf, dass sich alles fügen würde. Daraus ergab sich ein kurzzeitiger Job, der mir in zwei Monaten zehntausend Dollar einbrachte, mehr, als ich bis dahin in so kurzer Zeit verdient hatte. Als das vorbei war, wusste ich wieder nicht, wo meine nächsten Einnahmen herkommen sollten. Kürzlich kam dann ein Anruf einer in LA ansässigen Kreuzfahrtgesellschaft. Sie wollten unsere Band für die Entwicklung neuer Unterhaltungsprogramme auf ihren Schiffen engagieren. Sie haben in LA ein großes Produktionsstudio, und da werden wir arbeiten.

Ich hatte nichts weiter getan, als zuversichtlich zu bleiben, mich in LA zu sehen, wo ich als Musiker arbeitete und auch noch erfolgreich war und gut verdiente. Jetzt kommt auf einmal eins zum anderen, wie ich es niemals hätte voraussehen können. Ich finde es wirklich verblüffend, wie das läuft, und für mein Gefühl ist es gerade erst der Anfang.

Das Hörbuch schenkt mir immer neue Glücksmomente, es versetzt mich in eine Stimmung, in der mir sogar die Tränen kommen. Schwer zu erklären. Wenn nichts anderes dabei

herauskäme als dieser Blick auf das Leben und die optimisti-
schen Gedanken, wäre das bereits ein großes Geschenk.
Aber es kommt sehr viel mehr dabei heraus, vielen Dank.

Roland C., Nanaimo, Kanada

Das Geheimnis machte Roland bewusst, dass es ihm
gegeben war, die gewünschte Laufbahn anzuziehen. Wir
können ohne jegliche Einschränkung alles haben, tun oder
sein, was wir möchten – wir müssen nur wissen, was das ist,
und es uns wirklich wünschen.

Es gibt aber Fälle, wo wir guten Grund haben, uns zu
fragen, wie wir an das Gewünschte kommen werden.
So war es bei der Tänzerin K. Louis, der Erzählerin der
nächsten Geschichte. Sie musste für einen bestimmten Job
vortanzen, und daraus könnte man ableiten, das sei schon
zu viel Wie und deshalb wenig erfolgversprechend. Sie
drehte den Spieß jedoch um und machte daraus ihren
persönlichen Test des Geheimnisses.

BOLD

Ich muss gestehen, dass ich nach der Lektüre von *The Secret* gewisse Zweifel hatte, aber ich ließ mich trotzdem darauf ein, es an Kleinigkeiten auszuprobieren – etwa dass ein bestimmter Anruf kommen oder ich meinen Zug nicht verpassen würde. Danach war ich aber doch noch nicht überzeugt, dass es sich um mehr als Zufall handelte. Als Nächstes wollte ich es an etwas Größerem testen.

Meine Agentin rief an und informierte mich von einem Casting für die Rolle einer Tänzerin in einem Reklameclip. Sie wollte mich gern hinschicken, fügte allerdings hinzu, dass die Leute eigentlich eine weiße Blondine suchten. Da ich dunkelhäutig bin, fragte ich mich, wie meine Agentin auf diese Idee gekommen war, sagte aber zu.

Als ich zu diesem Termin ging, dachte ich nicht viel darüber nach. Dann ist man nur *noch* enttäuschter, wenn man den Job nicht bekommt. Erst als ich da zwischen lauter weißen Frauen saß, wurde mir bewusst, wie sehr ich mir diesen Job wünschte. Na gut, sagte ich mir, dann ist das die perfekte Gelegenheit herauszufinden, ob das Geheimnis wirklich funktioniert. Ich stellte mir lebhaft vor, dass ich den Job bekommen würde, ich sah mich im Fernsehen, ich hörte die

Leute anrufen und mir gratulieren, ich visualisierte, wie weitere Aufträge daraus wurden.

Beim eigentlichen Casting war ich dann die Ruhe selbst. Ich tanzte aus vollem Herzen und fuhr anschließend nach Hause. Auf dem Heimweg dachte ich an diesen Job, und daheim schrieb ich ganz groß BOLD (den Namen des Produkts) auf ein Post-it, das ich mir an den Kleiderschrank klebte. Immer wieder stellte ich mir vor, dass ich den Job bekam und wie ich auf die Neuigkeit reagieren würde.

Am nächsten Tag rief meine Agentin an, während ich mit einem anderen Kleinauftrag beschäftigt war: »Es gibt gute Neuigkeiten ...«, aber ich wusste schon vor dem Ende des Satzes, was sie sagen würde. Ich hatte den Job! Ich war total begeistert. Ich war ganz sicher gewesen, dass es klappen würde – aber wenn es dann Wirklichkeit wird, staunt man trotzdem.

Jetzt weiß ich, dass ich noch ehrgeiziger sein darf und meine Zukunft ganz in die Hand nehmen kann. Das ist sagenhaft spannend.

K. Louis, London, England

Wie man sein Traumgehalt anzieht

Yana schwebten ein bestimmter Job und ein bestimmtes Gehalt vor, und mit der Kraft der Affirmation zog sie genau das an, was sie sich wünschte.

DIE DREISSIGTAUSEND-DOLLAR-AFFIRMATION

Nachdem ich meine sehr einträgliche Anstellung verloren hatte, schlug ich mich mit etlichen befristeten Jobs durch, war auch zeitweilig arbeitslos und ergatterte schließlich einen unbefristeten Teilzeitjob, der mir gerade einmal zehn Dollar die Stunde einbrachte. Schon am dritten Arbeitstag wurde mir jedoch mitgeteilt, dass meine Stelle noch einmal halbiert würde, also auf zehn statt bisher zwanzig Wochenstunden. Aber von hundert Dollar die Woche konnte ich beim besten Willen nicht leben.

Traurig und entmutigt ging ich an dem Tag von der Arbeit nach Hause. In meiner Wohnung hatte ich plötzlich den überwältigenden Drang, mir *The Secret* anzusehen, obwohl meine Energie eigentlich nur noch ausreichte, mich hinzusetzen und mir das Hirn zu zermartern, wie es ohne eine richtige Arbeit mit mehr Einkommen weitergehen sollte. Nach dem

Film zog ich mein Tagebuch heraus und schrieb diese Affirmation:

»In den nächsten Tagen ziehe ich einen großartigen Verwaltungsposten an, und zwar in der näheren Umgebung, zu Fuß erreichbar. Ich verdiene da mindestens dreißigtausend Dollar im Jahr. Meine Kollegen sind fröhlich, nett und hilfsbereit. Meine Arbeit ist interessant, ich finde viel Anerkennung bei Kollegen und Vorgesetzten. Ich stehe von Montag bis Freitag pünktlich auf der Matte und genieße jeden einzelnen Arbeitstag. Danke für den alles berücksichtigenden und klaren Prozess, der meinen perfekten neuen Job *eben jetzt* manifestiert.«

Diese Affirmation sprach ich den ganzen nächsten Tag immer wieder und empfand dabei echte Freude. Jedes Mal, wenn ich an die neue Arbeit dachte, durchlief mich ein Schauer der gespannten Vorfreude. Es war richtig aufregend!

An diesem Arbeitstag meldete sich mein Handy immer wieder. Innerhalb weniger Minuten wurde dreimal dieselbe Nummer angezeigt. In der Pause ging ich die Benachrichtigungen durch und stellte fest, dass der Anruf von einer Zeitarbeitsfirma war, bei der ich mich vor ein paar Jahren hatte registrieren lassen.

Ich rief zurück und erfuhr, sie hätten einen Job für mich, und zwar *ab morgen!* Das Gehalt entsprach exakt dem, was ich in meiner Affirmation vorgegeben hatte. Und als ich mich nach dem Standort erkundigte, stellte sich heraus, dass es sich um eine Designfirma handelte, die ich von zu Hause aus in fünf Minuten erreichen würde. Und was allem die Krone aufsetzte: Es war eine unbefristete Anstellung.

Ich trat meine neue Arbeitsstelle zwei Tage nach der Niederschrift meiner Affirmation an, und ich fühle mich da heute noch so wohl wie an meinem ersten Arbeitstag.

Yana F., Baltimore, Maryland, USA

Yana äußerte in ihrer Affirmation auch gleich ihre Dankbarkeit für die neue Arbeit und das neue Einkommen, als hätte sie beides bereits bekommen. Dankbarkeit ist die Brücke vom Mangel zum Wohlstand. Seien Sie dankbar für das Geld, das Sie haben, wie wenig es auch sei, und Sie machen sich bereit für den Empfang von Reichtümern. Das gilt auch andersherum: Je mehr Sie über Geldsorgen klagen, desto knapper werden Ihre Mittel werden.

ZWEIFACHE GEHALTSVERDOPPELUNG

Am Beginn meiner journalistischen Laufbahn wurde ich von meiner Familie nach Kräften unterstützt, und das gab mir den nötigen Schwung für die Verfolgung meiner Ziele. Ich bekam einen Job bei einem Zeitschriftenverlag am Ort, der zwar schlecht bezahlt war, aber einiges für die Zukunft versprach. Mein Gehalt reichte gerade für die Miete, und meine Eltern schossen so viel zu, dass ich über die Runden kam.

Nach einigen Monaten ließ mein Vater jedoch durchblicken, dass er keine Lust hatte, weiterhin für einen Großteil meines Lebensunterhalts aufzukommen. Er wünschte sich, dass ich selbstständiger wurde. Das verstand ich, aber es brachte mich auch in große Bedrängnis. Ich wollte meine Familie glücklich sehen und so viel Geld verdienen, dass ich auf eigenen Beinen stehen konnte. Aus dem Druck wurde Depression, als sich das Jahr seinem Ende näherte und von der versprochenen Gehaltserhöhung immer noch nichts zu sehen war. Eigentlich rechnete ich nur noch mit dem Schlimmsten, und das bekam ich dann natürlich auch.

Ich wurde so depressiv, dass ich mich müde und elend fühlte. Alles sah finster aus, und ich konnte nur noch auf irgendeinen Ausweg hoffen. Dann fragte mich eines Tages eine

Freundin, die meine Lage kannte, ob ich *The Secret* schon gesehen hätte. Sie schenkte mir die DVD und riet mir, das Geheimnis einmal ernsthaft auf mich wirken zu lassen. Ich habe es nicht so mit Selbsthilfemedien, aber diesen Film sah ich mir noch am gleichen Abend an. Was die Leute da mitteilten, war alles wie zu mir persönlich gesagt. Kein Zweifel, durch meine trüben Gedanken zog ich mir alle meine Probleme zu. Ich weinte an diesem Abend, aber es waren Freudentränen. Ich wusste, dass alles gut werden würde.

Ich fing auch noch an diesem Abend mit der Umsetzung des Geheimnisses an. Ich fasste zuversichtliche Gedanken, Gedanken an Geld und Glück. Ich dankte dem Universum für alles, was ich nie groß beachtet hatte, beispielsweise für meine Gesundheit, meine lieben Freunde und sogar meinen Job.

Gegen Ende Dezember rief mich der Chef in sein Büro und stellte mir eine Gehaltserhöhung in Aussicht. Die war nicht groß und würde immer noch nicht alle meine Kosten decken, aber ich bedankte mich bei ihm und beim Universum, denn es war klar, dass ich gewünscht und geglaubt hatte und das Bekommen jetzt begann.

Anfang Januar richtete ich einen weiteren Wunsch an das Universum. Ich wollte eine Verdoppelung meines Gehalts. Wie das gehen sollte, wusste ich nicht; ich glaubte einfach, dass es dazu kommen würde. Das Universum machte sich gleich an die Arbeit. Davon sah ich nichts, aber ich wusste es.

Vier Monate später, im April dieses Jahres, wurde ich zu einer anderen Zeitschrift im gleichen Verlag versetzt. Und was soll ich Ihnen sagen? Ich bekam dort das Doppelte meines früheren Gehalts. Ich wusste, dass es an meinem Glauben lag, meiner Zuversicht. Dann dachte ich:»He, wenn das einmal klappt, könnte es auch zweimal gehen.« Ich wünschte mir also vom Universum eine weitere Verdoppelung meines Gehalts. Sie werden es nicht glauben, aber wieder vier Monate später fragte mich der Leiter des digitalen Bereichs, ob ich nicht zu seinem Team stoßen wolle. Das Gehalt? Sie ahnen es schon: wieder das Doppelte meiner bisherigen Bezüge.

Mit dem Geheimnis hat mein Leben eine volle Kehrtwendung gemacht. Man glaubt es kaum, dass ein Jahr so schlimm war, wie ich es nur herbeireden konnte, und das nächste dann so gut, wie ich es visualisiert und geglaubt hatte. Heute empfinde ich jeden Tag als Geschenk. Ich weiß um meine Einzigartigkeit. Das Universum ist mein Freund

und reagiert auf meine Gedanken. Meine Geschichte
beweist, dass das Geheimnis tatsächlich wie beschrieben
funktioniert.

Vielleicht fragen Sie sich jetzt, ob ich mir vom Universum
noch eine Verdoppelung meines Gehalts gewünscht habe.
Nein, habe ich nicht. Ich wünsche mir Glück und Fülle, und
die bekomme ich alle Tage.

Alan M., Nairobi, Kenia

Alan dankte dem Universum für alles, was er hatte und sich
wünschte; das Weitere überließ er dem Gesetz der Anziehung. Er fragte sich nicht, wie die Verwirklichung vor sich
gehen sollte, er versuchte nicht, sie anzuschieben.

Es liegt auf der Hand, dass zwei oder mehr Leute, die beim
Wünschen am gleichen Strang ziehen, deutlich größere
Kräfte mobilisieren als einer allein. Sie wünschen und
glauben mit vereinten Kräften, wie die folgende Geschichte
zeigt.

MIT VEREINTEN KRÄFTEN

Ich arbeite in einer chiropraktischen Gemeinschaftspraxis. Vor einigen Jahren fiel uns Angestellten auf, dass die Patientenzahlen zurückgingen – auch daran erkennbar, dass wir seit über drei Jahren keine Gehaltserhöhung mehr bekommen hatten. Das konnte nicht so bleiben. Wir liebten unsere Arbeit, aber die Lebenshaltungskosten stiegen, sodass wir schon anfingen, uns nach neuen Jobs oder Zweitjobs umzusehen.

So setzten wir Angestellten uns eines Tages ohne die Ärzte zu einem Gespräch über Gehaltserhöhungen zusammen. Uns war bewusst, dass wir uns dafür neue Ziele für die Praxis stecken und die Terminpläne der Ärzte füllen mussten. Wir fingen mit wöchentlichen und monatlichen Zielvorgaben an. Danach sagten wir uns, für die ausgebliebenen Gehaltserhöhungen der letzten Jahre sei jetzt eine Erhöhung um fünfundzwanzig Prozent angezeigt. Dann brauchten wir noch einen Termin für diese Gehaltserhöhung und einigten uns auf den 15. Oktober.

Wir ließen den Plan unter dem Motto »Mit fünfundzwanzig Prozent lässt sich gut leben« anlaufen. Das klebte sich jeder an seinen Schreibtisch. Wir konzentrierten uns von Tag zu

Tag darauf, die Terminpläne für alle Ärzte voll zu bekommen. Wenn es nicht gelang, setzten wir uns zehn weitere
»Stammpatienten« und zwei neue als Ziel – und wahrhaftig,
schon klingelte das Telefon! Die Ärzte hatten so viel zu tun,
dass Sie anfingen zu jammern, sie seien am Ende des Tages
fix und fertig.

Anfang Oktober trafen wir Angestellten uns noch einmal zur
Überarbeitung unserer Ziele und Dankbarkeitslisten. Die
nächste Praxis-Vollversammlung, sagten wir uns, sei die ideale
Gelegenheit für eine Präsentation unserer Ziele und deren
Hintergrund. Am angesetzten Tag waren wir bereit, aber die
Ärzte hatten zu viel zu tun, weshalb unsere Präsentation aus-
fallen musste. Wir waren enttäuscht, und der 15. Oktober war
in zwei Tagen. Aber wir blieben dran und sagten uns erneut:
»Mit fünfundzwanzig Prozent lässt sich gut leben.«

Tja, der 15. kam und ging. Der nächste Gehaltszeitraum fing
an, und die Ärzte hatten eine Besprechung mit unserem
Buchhalter gehabt. Ein paar Tage darauf bat mich die Chefin
zum Gespräch. Den Grund kannte ich nicht, aber sie sagte
gleich zu Beginn, wir hätten großartige Arbeit geleistet und
dürften alle mit einer Gehaltserhöhung rechnen, und zwar
rückwirkend zum 15. Oktober. Eine von uns bekam zwanzig
Prozent, die übrigen fünfundzwanzig. Mir standen die Trä-

nen in den Augen, als ich der Ärztin erzählte, dass wir *The Secret* angewendet hatten, um unsere Ziele für die Praxis und für unsere Gehälter zu verwirklichen.

Wir glauben, dass wir nicht nur unsere Arbeitsplätze gerettet und unsere Einkünfte verbessert, sondern auch die Moral der ganzen Praxis gehoben haben. Wir Angestellten treffen uns jetzt regelmäßig, um unser persönliches Leben mithilfe des Geheimnisses zu verbessern, und wir sagen allen Patienten, dass sie die DVD *The Secret* jederzeit bei uns ausborgen können.

Loretta N., Port Townsend, Washington, USA

Lassen Sie sich von Lorettas Geschichte inspirieren. Sollten Sie in einem Team arbeiten, können sich alle zusammen auf einen gemeinsamen Wunsch konzentrieren, von dessen Erfüllung jeder profitiert. Denken Sie nur, was Sie zusammen alles erreichen können!

Natürlich sind Sie in der Lage, alles anzuziehen, was Sie sich wünschen, aber wenn mehrere an einem Strang ziehen, kann das den »Glaubensfaktor« stärken, sodass es ganz schnell zu einer Manifestation kommt.

Tun Sie, was Sie gern tun

Den Leuten, von denen die nächsten Geschichten stammen, ging es vor allem darum, etwas zu tun, was sie wirklich gern taten. Bei einigen spielte auch das Geld eine Rolle, aber andere glaubten, das Universum werde schon für die nötigen Mittel sorgen, wenn sie einfach ihrem Traum nachgingen. Ein schönes Beispiel ist die folgende Geschichte von Dallas C.

ZWEI WOCHEN FÜR EIN NEUES LEBEN

Ich hatte ein traumhaftes Leben, aber als dann alles den Bach runterging und ich zwei Jahre lang auf der Straße lebte, wäre ich fast am Gesetz der Anziehung verzweifelt. Ich fühlte mich von allen im Stich gelassen. Es war Winter, und ich hatte kein Unterkommen, also tingelte ich auf der Suche nach Arbeit von hier nach da und nach dort, fand aber nichts.

Es heißt ja, man könne sein Leben mit dem Gesetz der Anziehung in dreißig Tagen völlig umkrempeln, also ließ ich mich auf einen letzten Härtetest ein. Täglich las oder hörte ich Teile aus *The Secret*, und ich setzte alles unmittelbar um.

Ich hatte keine Ahnung, wie schnell dann alles gehen sollte.

Ich *brauchte* einen Job, irgendeinen, aber ich *wünschte* mir eine Arbeit, die mir Freiraum ließ, bei der ich mitten im Gewühl war, die Expansion des Betriebs vorantreiben konnte und gleichzeitig für meine Arbeit geschätzt wurde. Ich sonnte mich im Glück des Wissens, dass dieser Job bereits zu mir unterwegs war. Und da ich mich so fühlte – wie hätte es anders kommen können?

Schon nach zwei Wochen und einer Zufallsbegegnung bekam ich einen Job als Radio-DJ. Sieben Monate später hatte ich die Werbeeinnahmen um zweitausend Prozent erhöht und eine neue Abteilung aufgebaut, die Künstler bei der Beschaffung von Mitteln unterstützt (über CD-Verkäufe und die Vermittlung von Gigs hinaus). Ich manage jetzt aufstrebende Künstler, habe einen Künstler-Verbund gegründet, der es neuen Talenten erleichtert, in ihrem Metier Fuß zu fassen, und arbeite gegenwärtig mit einem Partner an einer Modelinie. Mein Boss schätzt meine Arbeit sehr, man hat mich bereits als den besten DJ unseres Senders bezeichnet, und genau das hatte ich ja alles gewollt.

Ich habe endlich meinen Traumjob und bin sehr glücklich und dankbar. Es kommen immer *noch* bessere Dinge auf mich zu, und ich habe immer *noch* größere und schönere Träume.

Sollten Sie noch am Geheimnis zweifeln, lassen Sie sich von mir sagen: Es funktioniert!

Dallas C., Winnipeg, Manitoba, Kanada

Dallas brauchte sehr dringend Geld, aber sein größter Wunsch war, etwas zu tun, was er richtig gern tat. Er bekam schließlich beides.

Auch wenn Sie bereits spüren, dass das Universum drauf und dran ist, das heiß Ersehnte zu liefern, kann es doch noch zu Momenten des Zweifelns kommen. Das ist verständlich, wenn Sie beispielsweise mit dem Gedanken spielen, Ihren sicheren Arbeitsplatz aufzugeben, um einen Traum zu verwirklichen.

Sollten Sie solche Phasen des Zweifelns erleben, können Sie das Universum auffordern, Ihnen deutlich vor Augen zu führen, dass Ihre Entscheidung richtig ist. Denken Sie immer daran, dass Sie sich absolut alles wünschen können.

Helen erzählt in der nächsten Geschichte von ihren großen Zweifeln, als sie vorhatte, ihren Job zu kündigen. Dann schritt das Universum ein und initiierte ein paar sehr ungewöhnliche technische Abläufe, um sie in ihrer Entscheidung zu bestärken.

E-MAILS VOM UNIVERSUM

Schon vor Jahren legte mir eine Kollegin die Lektüre von *The Secret* nahe, aber ich war damals leider so schlecht drauf, dass ich schon nach ein paar Seiten Angst bekam, das Buch könne mein Leben durcheinanderbringen. Wie verrückt das heute klingt! Zum Glück wurde ich erneut auf *The Secret* gestoßen, und diesmal war ich geradezu begierig, alles zu erfahren.

Ich kann kaum beschreiben, mit welcher Freude und Begeisterung ich jedes einzelne Kapitel las, mir schwindelte beinah; und schon am ersten Tag der Lektüre traf ich eine folgenschwere Entscheidung.

Ich dachte bereits länger daran, meine Teilzeitstelle als Designerin aufzugeben, um mich als freiberufliche Illustratorin zu versuchen. Das hatte ich eigentlich immer schon gewollt,

aber ich hatte finanzielle Verpflichtungen, und mir war nicht
wohl bei dem Gedanken, mein regelmäßiges Einkommen zu
verlieren. Immer wieder sagte ich mir, ich müsse damit warten, bis mein Sparguthaben groß genug war. Ich hatte einfach Angst, obwohl meine Instinkte mir förmlich zuschrien,
dass es das Richtige war.

Ich hatte bis dahin beruflich viel Pech gehabt – furchtbare
Arbeitgeber, stressige Arbeitsbedingungen, immer wieder
»betriebsbedingte Kündigungen«. Tief im Innern spürte ich,
dass es Anstöße waren, mich selbstständig zu machen, aber
ich hatte schrecklichen Bammel, vor mir selbst und meiner
Familie zu versagen.

Als ich The Secret gelesen hatte, wusste ich, dass die Zeit reif
war, und seltsamerweise hatte ich da auch keinerlei Zweifel
mehr, ich wusste, dass ich es schaffen würde!

Kaum war ich jedoch so weit, meine Kündigung einzurei-
chen, als sich die alten Zweifel wieder meldeten. Auf dem
Weg zur Arbeit bekam ich Bauchkribbeln und fragte mich
immer wieder, ob es der richtige Schritt war. War ich voreilig,
dachte ich nur an mich selbst, wo sollte das Geld herkommen? Als ich eben klein beigeben wollte, schritt das Universum ein und stupste mich ordentlich an.

Während sich diese Gedanken in meinem Kopf jagten, fiel mein Blick einmal auf mein Smartphone, das den Eingang von siebenunddreißig neuen E-Mails vermeldete. Das fand ich schon mal sehr seltsam, es war früh am Morgen, und ich hatte erst vor ein paar Minuten auf das Display geblickt. Als ich mir diese »neuen« E-Mails ansah, waren es alle ... meine eigenen! Ich hatte sie in den vergangenen fünf Jahren an alle möglichen Leute verschickt, und jetzt lagen sie plötzlich in meinem Posteingang und hatten auch noch alle das gleiche Thema. Es ging immer um den Wunsch, meine Anstellung aufzugeben und freiberuflich zu arbeiten. Die erste, die ich jetzt las, hatte ich an eine Personalvermittlung geschickt, als mir zum dritten Mal gekündigt worden war. Und der erste Satz, der mir ins Auge sprang, lautete: »Mir scheint, da oben will mir jemand etwas zu verstehen geben.« Mir lief ein Schauer über den Rücken (und auch jetzt wieder, während ich dies schreibe). Ich war sprachlos. Es gab noch ein paar weitere Vermittlungsagenturen (was mich daran erinnerte, wie oft mir gekündigt worden war). Dann meine E-Mails, in denen ich mich darüber beschwerte, dass ich immer wieder für irgendwelche Bosse arbeiten musste; oder in denen ich erzählte, wie viel Spaß mir die freiberufliche Mitarbeit an einigen Kinderbüchern gemacht hatte. Die älteste E-Mail jedenfalls hatte ich seinerzeit an meine derzeitige Agentur gesandt, darin schilderte ich, wie gern ich als selbstständige

Illustratorin arbeiten würde, und fragte an, ob sie bereit wären, mich in diesem Sinne zu vertreten. Diese E-Mail fand ich nirgendwo auf meinem Computer gespeichert und auf meinem Handy natürlich erst recht nicht. Ich erinnerte mich nicht einmal daran, dass ich sie versandt hatte, aber da war sie nun als eine »neue« E-Mail unter etlichen anderen.

Diesmal begriff ich: »Jemand« teilte mir gerade mit, dass ich auf dem richtigen Weg war und sich alles fügen würde. Ich strahlte den ganzen Tag und reichte, ohne mit der Wimper zu zucken, meine Kündigung ein.

Zwei Monate später war ich derart beschäftigt, dass ich es kaum glauben konnte. Und ich hatte mir Sorgen gemacht, ob ich genug Geld für alle Ausgaben haben würde! Ich hatte mir auch den Blankoscheck von der Website *The Secret* ausgedruckt und einen horrend wirkenden Betrag für die Einkünfte des ersten Jahres eingetragen, aber als ich jetzt meine tatsächlichen Einnahmen im ersten Teil des ersten freiberuflichen Jahrs addierte, stellte sich heraus, dass ich auf dem besten Weg war, dieses Ziel zu erreichen! Auf Monate hinaus war ich bereits ausgebucht und zweifelte nicht einen Moment mehr an der Fortdauer meines Erfolgs.

Heute, vier Jahre später, bin ich immer noch selbstständig, und außerdem ist ein Traum wahr geworden: Mein erstes selbst verfasstes und bebildertes Kinderbuch ist erschienen und wird weltweit angeboten.

Damals, als ich diese gigantische Botschaft erhielt, hatte ich mich so vom Universum begünstigt gefühlt, und heute bin ich dankbar für alles Gute und Schöne in meinem Leben – und visualisiere weiterhin mit großem Vergnügen meine sagenhafte Zukunft!

Helen, Liverpool, England

Sobald Sie feststellen, dass Ihre Zuversicht ernsthaft von Zweifeln ausgehöhlt wird, sollten Sie Ihren Glauben mit Visualisationen und Affirmationen stärken. Sie können auch einfach irgendetwas tun, was Sie froh macht. Zweifel lösen sich auf, wenn Sie glücklich sind. Zu zweifeln ist eine negative Verfassung, die nicht gleichzeitig mit Glück bestehen kann.

MEIN TRAUMJOB VON JETZT AUF GLEICH

Als ich erstmals vom Geheimnis hörte, glaubte ich nicht, dass so etwas gehen kann. Ich las das Buch eher, um es zu widerlegen.

Damals war ich schon fast vier Jahre hinter meinem Traumjob her. Jetzt dachte ich bei der Lektüre von *The Secret*, dass es nicht schaden konnte, das Spiel ruhig einmal nach den beschriebenen Regeln zu spielen. Ich bastelte mir einen Gehaltsstreifen, auf dem mein Wunscheinkommen, meine Wunschposition und das Land eingetragen waren, in dem ich gern arbeiten wollte. Ich hängte ihn mir an den Spiegel. Jeden Morgen sah ich ihn mir an und visualisierte mich am Schreibtisch in meinem neuen Job. Im weiteren Verlauf des Tages vermerkte ich alles, wofür ich dankbar war, und sagte: »Danke für alles, was ich tue, und alles, was mir geschieht.«

Keine fünf Tage später wurde mir in einer E-Mail mein Traumjob angeboten.

Danke, dass Sie das Geheimnis mit mir teilen.

Mireille D., Libanon

Wenn Sie sich mit dem Geheimnis vertraut gemacht haben, wissen Sie, dass es viele Möglichkeiten gibt, Ihren Glauben sicherer und stärker zu machen und damit dem Gesetz der Anziehung zuzuarbeiten. *So zu tun, als ob* Sie das Gewünschte bereits bekommen hätten, ist einer der wirksamsten Ansätze.

SPIELERISCH ZUM NEUEN JOB

Vor einiger Zeit habe ich alles sausenlassen, einfach alles. Ich stieg aus meinem Job als Konditorin aus, ich verließ die Kochschule, ich machte Schluss mit meinem Freund. Ich gab alle Hoffnung auf ein schönes Leben auf, ich sah mich als wertlos. Einen Monat war ich schwer depressiv, dann wachte ich einmal morgens auf und hatte *The Secret* im Kopf. Ich weiß nicht, weshalb das auftauchte, aber ich recherchierte gleich im Internet, um herauszufinden, worum es da überhaupt ging. Ich sah mir den Film online an und war davon so berührt, dass ich auch gleich noch das Hörbuch erwarb.

Ich hatte nach Arbeitsstellen gesucht, aber nicht einmal Antworten bekommen. Jetzt fasste ich den Plan, mit dem Geheimnis einen Job anzuziehen. Ich wollte zu gern in einer

Tierklinik arbeiten, und da es in meiner Nähe eine gab, schickte ich meine Bewerbung dorthin. So fing alles an.

Ein paar Tage später klingelte das Telefon. Ich sagte mir gleich:»Da will mir jemand eine Stelle anbieten.« Tatsächlich war der Personalchef der Tierklinik am Apparat und lud mich zu einem Vorgespräch ein. Ich war bei diesem Gespräch sehr nervös, und das merkte man mir auch an. Es war ganz sicher kein glanzvoller Auftritt, aber als ich wieder zu Hause war, schrieb ich:»Ich arbeite in der Tierklinik ... (Name) in der ... (Straße, Hausnummer) in Chicago, Telefon ... (Nummer).« Das tat ich mehrmals, bis ich es schließlich glaubte.

Am nächsten Tag rief mich dieser Personaler wieder an. Er wirkte sehr aufgeräumt und lud mich zum Einstellungsgespräch. Mit Freuden sagte ich zu. Meinem Gefühl nach hatte ich den Job bereits in der Tasche und musste mir jetzt überlegen, was ich verdienen wollte. In den Tagen vor dem Einstellungsgespräch erarbeitete ich einen Etatplan und konzentrierte mich dann auf die Summe, die ich als Gehalt haben wollte. Ich richtete mehrmals am Tag den Blick auf diesen Betrag und tat so, als wäre das alles schon fester Bestandteil meines Lebens.

Auch beim Gespräch selbst ging ich davon aus, dass ich die Stelle bereits hatte und eigentlich nur noch eingeführt wurde. Anschließend ließ mich der Leiter des Personalbüros wissen, er werde mir am kommenden Montag seine Entscheidung mitteilen. Sie fiel wie erhofft und erwartet aus. Ich bekam die Stelle und eine Gehaltszusage, die genau dem Ergebnis meiner Etatplanung entsprach. Es war ein berauschendes Gefühl.

Zurzeit übe ich mich einfach in der Kunst der Dankbarkeit und genieße jede Minute meines Tages. Ich habe alles bekommen, was ich im Moment brauche und mir gewünscht habe. Aber ich weiß auch, dass ich jederzeit neue Anfragen an das Universum richten kann, sollte ich wieder mal etwas brauchen.

Lindsey, Chicago, Illinois, USA

Es ist nicht schwierig, sich in einer bestimmten Position zu visualisieren – wie Sie Ihre Arbeitsstelle erreichen und durch die Tür eintreten. Sie können auch mühelos Ihre Gehaltsabrechnung mit einer bestimmten Zahl darauf visualisieren oder die frohe Botschaft Ihrer Gehaltserhöhung beziehungsweise Beförderung. Wenn Sie dabei fühlen, dass Sie das

Gewünschte bereits haben, liegt darin das Signal für die Manifestation.

Das Gesetz reagiert genau auf Ihre Gedanken und Worte, und wenn Sie etwas erst in der Zukunft sehen, verhindern Sie damit, dass es jetzt geschieht.

Sie müssen das Gefühl haben, es bereits zu besitzen.

The Secret – Das Praxisbuch für jeden Tag

Schlüssel zu Ihrer beruflichen Laufbahn

☞ *Jeder Traumjob steht Ihnen offen, wenn Sie glauben und erwarten können, dass Sie ihn bekommen.*

☞ *Visualisieren Sie Ihren Wunschjob oder Ihre Laufbahn so detailliert, dass Sie das Gefühl bekommen, bereits in dieser Realität zu leben.*

☞ *Wenn Sie gern tun, was Sie tun, kommt auch das Geld.*

☞ *Es steht in Ihrer Macht, den Beruf und das Einkommen zu kreieren, die Sie sich wünschen. Machen Sie sich nur klar, was Sie wirklich wollen, und dann wünschen Sie es.*

☞ *Wenn es Zweifel zu zerstreuen gilt, tun Sie etwas, was Sie glücklich macht.*

☞ *Tun Sie so, als hätten Sie den Job Ihrer Träume bereits ergattert.*

Wenn Sie Ihr Bestes geben, werden Sie verblüfft feststellen, wie schnell dies zu Ihnen zurückkommt.

The Secret – Das Praxisbuch für jeden Tag

Wie ich mit dem Geheimnis mein Leben geändert habe

Eine tiefe Wahrheit liegt in Ihnen, die entdeckt werden möchte, und sie lautet: Alles Gute im Leben steht Ihnen zu. Etwas in Ihnen weiß das bereits, einfach weil Sie sich schauderhaft fühlen, wenn eher das Fehlen der guten Dinge Ihre Erfahrung ist. Aber sie sind Ihr Geburtsrecht! Sie sind Schöpfer Ihres Lebens, und mit dem Gesetz der Anziehung als Ihrem wertvollsten Instrument können Sie alles erschaffen, was Sie sich wünschen.

Viele Menschen, die mir ihre Geschichten erzählen, danken mir – wie Jenny im nächsten Bericht – für die Änderung ihres Lebens. Tatsächlich ist es aber so, dass nicht ich ihr Leben verändere. Ihr Leben nahm eine Wendung, weil sie sich selbst geändert hatten. Ich bin unendlich dankbar dafür, dass ich das Geheimnis mit ihnen teilen konnte.

AM TALGRUND

»Etwas muss sich ändern, ich ertrage es nicht länger« – so habe ich mich am Tag vor meinem dreißigsten Geburtstag gefühlt. Ich hatte zwar eine erstklassige Ausbildung genossen, konnte aber trotzdem keine unbefristete Vollzeitstelle finden. Ich war Single, und das überhaupt nicht gern. Ich wohnte bei meinen Eltern und fühlte mich rundherum unwohl. Ich brauchte nicht viel, um glücklich und zufrieden zu sein, aber das, was ich wirklich brauchte, schien es für mich einfach nicht zu geben.

Das Geheimnis hat mir praktisch das Leben gerettet. Als ich ganz am Ende war, fiel mir endlich ein, *The Secret* zu lesen, eine Art letzter Notanker. Wie dumm von mir, die Lektüre dieses Buchs hätte mein erster Schritt sein sollen, nicht mein letzter. Die Veränderungen stellten sich fast augenblicklich ein, weil mich das Buch wirklich inspirierte. Ich sagte mir: »Selbst wenn das Geheimnis sonst nichts bringen sollte, zumindest richtet es mich wieder auf und gibt mir Hoffnung.«

Aber es tat viel mehr, es gab mir eine neue Richtung. Und das Erstaunlichste: Es veränderte mein Leben *genau* so, wie ich es mir vorgestellt hatte.

Nach zwei Monaten der praktischen Anwendung des Geheimnisses war ich zum Einstellungsgespräch bei einer tollen Firma und bekam meinen Traumjob. Im Laufe dieser Vorgespräche lernte ich einen Mann kennen, der alles hat, was ich mir bei einem Partner wünsche. Jetzt steht der Auszug an, ich werde endlich auf eigenen Beinen stehen und das Leben führen können, das mir immer vorschwebte. Zu lange war ich damit beschäftigt, mir selbst leidzutun, statt zu erkennen, dass die Kraft, alle meine Wünsche zu verwirklichen, in *mir* liegt.

Ich bin Ihnen so dankbar für das Geheimnis. Wer weiß, was ohne *The Secret* aus mir geworden wäre?

Jenny L., Detroit, Michigan, USA

Da Sie die richtigen Antworten auf alle Fragen in sich tragen, müssen Sie diese selbst finden. Sie müssen auf sich und auf alles vertrauen, was Sie sind.

The Secret – Das Praxisbuch für jeden Tag

Egal, wo Sie jetzt stehen, alles kann sich ändern

Die Verfasser der folgenden Geschichten beschreiben sich als kaputt, destruktiv, drogensüchtig, obdachlos, kreuzunglücklich und als Versager, um nur ein paar Beispiele zu geben. Ihnen allen gelang aber, nachdem sie das Geheimnis erfahren hatten, zu erkennen, dass sie durch Umdenken ihr Leben ändern konnten – oder eben dadurch, dass sie sich selbst änderten.

EIN »VERPFUSCHTES« IN EIN GLÜCKLICHES LEBEN VERWANDELN

Wenn ich meine Vergangenheit betrachte, kann ich kaum glauben, dass ich noch derselbe Mensch bin. Ich bin glücklich, ich habe Frieden gefunden. Davon konnte lange Zeit nicht die Rede sein. Mehr als dreißig Jahre lang war ich blind für mein wahres Wohlergehen.

Als kleines Mädchen wurde ich Hunderte Male von meinem Vater vergewaltigt. Ich wurde Epileptikerin, das war wohl der einzige Ausweg. Ich landete auf dem sozialen Abstellgleis.

Meine Mutter war ihr Leben lang immer wieder in der
Psychiatrie. Ich lebte eine Zeitlang in einem an der Müll-
deponie der Stadt abgestellten alten Kombiwagen und
ernährte mich von dem, was der Müllcontainer eines Fast-
Food-Restaurants in der Nähe hergab. Später schmiss ich
die Highschool, wurde drogensüchtig und legte mir auch
sonst allerlei destruktive Verhaltensweisen zu.

Es war ein düsteres, freudloses Leben. Ich dachte mir, es sei
wohl mein Los, furchtbar zu leiden und den Part der kaput-
ten Loserin zu spielen.

Schließlich brachte ich es doch noch zu einem College-
Abschluss, musste aber anschließend erleben, dass ich mich
in keinem Job länger als drei Monate halten konnte. Nach
meiner (schätzungsweise) vierunddreißigsten Kündigung
drehte ich völlig durch. Hatte ich nicht alles versucht, um
etwas aus meinem Leben zu machen? Ich bekam diverse
Antidepressiva und sonst noch einiges, wovon sich die Ärzte
eine Besserung meines Zustands versprachen. Nichts schlug
an. Jeden Tag betete ich zu Gott, er möge mich endlich
sterben lassen.

Um nicht als Obdachlose zu enden, heiratete ich einen
Mann, den ich nicht liebte. Mit Drogen machte ich Schluss,

aber ansonsten verschlief ich meine Tage oder verbrachte sie vor dem Fernseher – alles war besser als die Realität.

Der Umschwung begann, als ich dem Drängen meiner älteren Halbschwester nachgab und an einer Versammlung der Church of Religious Science teilnahm, einer Gemeinschaft, die Inhalte vertritt, wie man sie ähnlich auch in *The Secret* findet. Da bekam ich profunde Dinge zu hören, die mir ganz neu waren und mein Denken in die richtige Richtung lenkten. Zum Beispiel: »Schon allein weil es dich gibt, bist du wunderbar.«

Aber erst als ich den Film *The Secret* gesehen hatte, änderte sich ganz in der Tiefe etwas. Eine der (vielen) Blockierungen in meinem Leben bestand darin, genügend Geld zu verdienen, um auf eigenen Beinen zu stehen. Einmal am Abend, ich hatte mir *The Secret* zum vielleicht dreiundzwanzigsten Mal angesehen, stand ich auf, setzte mich an den Computer und forderte das Universum auf, mich bei der Suche nach einer kurzweiligen, leichten und sehr gut bezahlten Arbeit anzuleiten. In meine Suchmaschine gab ich »forensisch« und »Videoaufnahme« ein, weil mich alles fasziniert, was mit diesen beiden Gebieten zu tun hat. Die Suchergebnisse verwiesen dann, wie nicht anders zu erwarten, auf das Gebiet der Gerichts-Videografie. Das fand ich wahnsinnig spannend.

Obwohl ich keine Ahnung hatte, was man da genau tut, wusste ich einfach: Das ist mein Beruf.

Ich tat die erforderlichen Schritte, um eine staatlich geprüfte Gerichts-Videografin zu werden, und verdiente bald fünfundsiebzig Dollar und mehr die Stunde (nachdem ich mein Leben lang mit dem absoluten Minimum hatte auskommen müssen).

Vor Kurzem habe ich von diesem Beruf zur häuslichen Pflege gewechselt, weil ich für wirklich anspruchsvolle Aufgaben in der Gerichts-Videografie Qualifikationen gebraucht hätte, die außerhalb meiner Reichweite lagen. Deshalb wandte ich mich meiner anderen Passion zu, alten Menschen zu einem schöneren Leben zu verhelfen. Das wäre von Anfang an meine Wahl gewesen, hätte ich gewusst, dass man für diese Arbeit gut bezahlt werden kann.

Also habe ich jetzt meinen eigenen kleinen Pflegebetrieb aufgebaut. Ich leiste Gesellschaft und sorge für die Grundpflege, überwiegend bei Senioren, aber auch bei Menschen, die Behinderungen haben oder beispielsweise nach einer Operation Hilfe brauchen. Ich liebe diese Arbeit, sie gibt mir unglaublich viel. Ich sage allen, wie glücklich ich mich schätze, mein Brot mit Liebe verdienen zu können.

Auch in anderen Bereichen meines Lebens sind deutliche Veränderungen zu erkennen. Ich brauche keine Glückspillen mehr, ich bin alle Tage ganz aus mir selbst heraus froh! Ich rauche nicht mehr, ich treibe an fünf Tagen der Woche Sport und bin total begeistert davon. Ich habe mich von dem Mann scheiden lassen, von dem ich so ganz und gar abhängig war. Ich kann heute sagen, dass ich mich liebe, wie ich bin – und das ist eine wirklich große Sache, denn als ich jünger war, habe ich mir Brandwunden zugefügt, mich mit aller Kraft selbst geschlagen und beim Blick in den Spiegel »Ich hasse dich!« geschrien, so tief war die Abscheu vor mir selbst.

Ich habe einen wunderbaren Freundeskreis von lauter positiv eingestellten Leuten. Ich liebe das Leben, ich liebe meine Arbeit, ich habe mit meinem Vater Frieden geschlossen. Ich kann mich an den einfachsten Dingen tierisch freuen, ein kühler Lufthauch im Nacken kann Freudentränen auslösen. Ich finde kaum Worte, um zu beschreiben, wie wunderbar mein Leben jetzt ist. Ich fühle mich vollkommen gesund, ich bin glücklich, mein Geschäft floriert, ich bin selbstbewusst, energiegeladen, ich bejahe und vertraue leichter, aber vor allem bin ich dankbar für alles in meinem Leben, auch und besonders für das Geheimnis. Danke.

K. C., Sunnyvale, Kalifornien, USA

Die Kindheitserlebnisse sorgten bei K. C. dafür, dass sie sich als wertlos sah und auch so behandelte. Solange wir uns nicht selbst Liebe und Achtung entgegenbringen, teilen wir dem Universum mit, dass wir unwichtig und unwürdig sind und uns nichts zusteht. Sie erleben unter solchen Umständen, dass Sie immer wieder schlecht behandelt werden – etwa in der Gestalt einer endlosen Folge von beruflichen Kündigungen. Wenn Sie anders über sich zu denken lernen und sich dann anders fühlen, erreichen Sie damit auch, dass Sie von anderen besser behandelt werden.

Die ganze Welt und alle Details in Ihrem täglichen Leben zeigen Ihnen Ihre innere Frequenz. Sie offenbart sich Ihnen in jedem Augenblick durch die Menschen, die Umstände und Ereignisse, mit denen Sie zu tun haben.

Das Leben spiegelt Ihnen, was Sie in sich tragen.

The Secret – Das Praxisbuch für jeden Tag

MEINE EINZIGE CHANCE

Ich bin neunundzwanzig Jahre alt und lebe in einem schönen Haus in Melbourne – zusammen mit meinem Freund, einem Polizeibeamten, und unseren reizenden Zwillingstöchtern Melinda und Madeline.

Klingt toll, oder? Ja, es ist schön, aber mein Leben war nicht immer so glücklich. Es war ein depressives Dasein voller geplatzter Beziehungen. Meine Eltern haben sich getrennt, als ich vier war, ich hatte keine glückliche Kindheit. Ich habe mich schon sehr früh auf Beziehungen eingelassen, weil ich dachte, da würde ich mein Glück finden. Ich war immer auf der Suche nach dem, was ich als Kind entbehren musste. Aber es machte mich nicht glücklich, ich fand nur Leid und Enttäuschung.

Mit vierundzwanzig war ich ziemlich am Boden und unternahm sogar einen Selbstmordversuch. Ich hatte mich von meinem Partner getrennt, war pleite und deprimiert, ich lebte bei meiner Mutter und hatte keinen Beruf.

Einmal ging ich in einen New-Age-Laden, wo man mir die DVD *The Secret* empfahl. Ich sah mir den Film zu Hause an, stellte fest, dass ich mit den Aussagen übereinstimmte, fand das alles »ganz nett« und stellte die DVD zu meinen anderen ins Regal.

Mein Leben blieb deprimierend, bis ich mir irgendwann sagte, dass es nicht mehr auszuhalten sei. Zugleich ging mir auf, dass das Geheimnis jetzt meine letzte Chance war, doch noch glücklich zu werden. Ich fing an, die Prinzipien ernsthaft ins Werk zu setzen. Ich machte mir ganz klar, was ich wirklich wollte im Leben, legte mir eine Visionstafel an und begann, so zu leben, zu fühlen und zu handeln, als wären diese Dinge bereits meine Realität. Ich ließ meine Ängste und Zweifel beiseite und dachte nicht darüber nach, »wie« das alles passieren sollte. Das war anfangs nicht leicht, aber ich blieb dran und bedankte mich dafür, dass mein Wunschleben bereits Realität war. Ich schrieb dazu jeden Tag etwas in mein Dankbarkeitstagebuch und übte mich in echter Dankbarkeit für alles, als wäre es bereits mein.

Zu der Zeit wohnte ich in Sydney, aber ich wollte weg von da und einen richtigen Neubeginn machen. Außerdem wünschte ich mir einen Freund und einen Job, der mir lag.

Ich lernte einen Mann aus Melbourne kennen, und wir kamen auf Anhieb sehr gut miteinander aus. Es ging alles recht schnell und anders, als ich gedacht hatte. Da er wieder nach Melbourne musste und ich in Sydney lebte, konnten wir nur miteinander telefonieren oder SMS und E-Mails schreiben. Das taten wir dann auch jeden Tag, und schon nach vier Wochen fragte er mich, ob ich nicht nach Melbourne kommen und bei ihm wohnen wolle. Und wie ich das wollte! Obwohl wir uns erst so kurz kannten, fühlte es sich richtig an. Ich zog also um.

In Melbourne kontaktierte ich die Arbeitsvermittlungen und suchte ernsthaft nach einem Job. Ich hatte bereits niedergeschrieben, was ich mir vorstellte, und ich hatte mit dem Geheimnis gearbeitet. Zunächst nahm ich Aushilfstätigkeiten an, einfach um ein bisschen Geld zu haben, und dann wurde mir eine fantastische Stelle angeboten. Ich entsprach allen Vorgaben, die mein Arbeitgeber machte, und es erwies sich als der beste Job, den ich je hatte.

Ich druckte mir den Scheck von der Website *The Secret* aus, pinnte ihn ausgefüllt an meine Visionstafel und sonnte mich dankbar im Gefühl meines bereits vorhandenen Wohlstands. Kurz darauf rief mein Vater an und erzählte ganz aufgeregt, er habe ein hübsches Sümmchen bei einer Lotterie gewonnen, und davon solle ich etwas bekommen – fünftausend Dollar!

Ich war mit meinem Freund sehr glücklich und mit meiner Arbeit auch. Ich lebte gern in Melbourne, und auch unser Haus mochte ich sehr. Als Nächstes kamen Kinder auf meine Visionstafel. Ich wünschte mir sehr, Kinder zu haben, und ich hatte schon immer von Zwillingen geträumt, Mädchen. Also schnitt ich ein Bild von neugeborenen Zwillingsmädchen aus einer Zeitschrift aus und befestigte es an meiner Visionstafel. Ich kaufte auch schon Babykleidung, und zwar immer zwei von allem und natürlich Mädchenkleidung. Auch hier wandte ich wieder das Geheimnis an, bis ich schließlich das Gefühl hatte, mein Wunsch sei bereits verwirklicht.

Ich wohnte noch keine zwei Monate in Melbourne, als ich feststellte, dass ich schwanger war. Die morgendliche Übelkeit plagte mich arg – ich hatte vergessen, mir Wohlbehagen für den ersten Teil der Schwangerschaft zu wünschen! In der zwölften Woche war im Ultraschall zu sehen, dass wir Zwillinge bekommen würden. Mein Freund war überrascht, aber ich wusste, dass das Geheimnis dahintersteckte. Von da an notierte und glaubte ich, dass die Schwangerschaft weiterhin gesund und glücklich verlaufen würde, und so war es dann auch. Ich bekam alles, was ich mir gewünscht hatte, eine gesunde Schwangerschaft, eine natürliche Geburt in der achtunddreißigsten Woche und gesunde Zwillingstöchter.

Derzeit mache ich ein Sozialarbeit-Fernstudium. Auch das hatte ich mir gewünscht und daran geglaubt. Ich habe die besten Freunde, die man sich denken kann, ich bin glücklich und finanziell abgesichert. Immer wieder passieren erstaunliche kleine Dinge, und ich weiß, warum: Ich wende überall in meinem Leben das Geheimnis an.

The Secret hat mein Leben verändert. Es wird Ihres auch ändern, wenn Sie es anwenden.

Belinda, Melbourne, Australien

Als Belinda festgelegt hatte, was sie sich wirklich wünschte, schob sie ihre Zweifel und Ängste beiseite und hielt sich an das, was sie in *The Secret* gelernt hatte – den Scheck von der Bank des Universums, die Visionstafel, die Niederschrift ihrer Wünsche und das Dankbarkeitstagebuch. Sie wollte ihrem Leben eine Wendung geben und sich nicht mehr von unguten Gedanken mitreißen lassen, sondern ein Mensch von unerschütterlicher Zuversicht werden.

Sie gestalten Ihr Leben mit den Gedanken und Gefühlen, die nur Sie selbst denken oder fühlen können.

The Secret – Das Praxisbuch für jeden Tag

VOM STRICH ZUM GEHEIMNIS

Zehn Jahre meines Lebens habe ich als drogen- und alkoholsüchtige Prostituierte verbracht. Die letzten drei dieser Jahre war ich obdachlos und wollte nicht mehr leben. Dann nahm ich an einer Empowerment-Gruppe teil und bekam *The Secret* zu lesen; und ich übertreibe nicht, wenn ich sage, dass sich mein Leben nach einem halben Jahr der Anwendung drastisch geändert hat. Ich war clean und knüpfte die Kontakte zu meiner Tochter und meiner Familie neu. Die Organisation, bei der ich an der Empowerment-Gruppe teilgenommen und durch die ich das Geheimnis kennengelernt hatte, stellte mich als Kontaktperson ein.

Vier Jahre sind seitdem vergangen, und mein Leben ist immer noch unglaublich. Eben bin ich meine E-Mails durchgegangen und habe gesehen, dass ich den Job bekomme, auf den ich schon lange warte. Und einen zweiten Traumjob habe ich als Forschungsmitarbeiterin an der University of Victoria. Meine Tochter lebt seit drei Jahren bei mir, und unsere Beziehung ist großartig. Was für ein tolles Leben!

Von ganzem Herzen danke.

Thea C., Victoria, Kanada

Alles geschieht für Sie

Die Menschen in den vorangegangenen Geschichten hatten in ihrer Kindheit und Jugend mit großen Schwierigkeiten zu kämpfen. Für andere scheint das Leben ganz normal seinen Lauf zu nehmen, bis sie plötzlich vor großen Herausforderungen stehen. Da ist es dann besonders wichtig, sich in Erinnerung zu rufen, dass alles, absolut alles, *für* uns geschieht.

Hinter allem, was negativ erscheint, verbirgt sich etwas Gutes. Wenn wir erkennen, dass alles – auch eine negative Situation – gut ist, werden wir sehen, wie sie sich in etwas rundum Gutes verwandelt.

The Secret – Das Praxisbuch für jeden Tag

Vielleicht haben Sie wie Kate in der nächsten Geschichte Ihren Arbeitsplatz und mit ihm Ihr Selbstvertrauen verloren. Die Gründe sind zweitrangig, aber wenn Sie nach einem solchen Erlebnis anfangen, schlecht von sich zu denken, ziehen Sie nur weitere Unannehmlichkeiten auf sich.

EIN NEUSTART

Alles begann mit einer unverhofften und ganz prosaischen Kündigung. Ich war Abteilungsleiterin bei einem TV-Sender, und der Job wurde wegrationalisiert. Als Hauptverdienerin in unserem Haushalt war mir klar, dass mit dieser Entlassung auch unser Haus auf dem Spiel stand, wenn ich nicht schnellstens eine neue gut bezahlte Vollzeitstelle fand.

Ich bin ein optimistischer Mensch, aber diese Kündigung hat mich doch umgehauen und mein Selbstbewusstsein untergraben. Mir war klar, dass die Stelle selbst und nicht ich als Person überflüssig geworden war, aber vom *Gefühl* her war es doch so, dass ich den Gedanken nicht loswurde, irgendetwas falsch gemacht zu haben.

Nach drei Wochen Jobsuche las ich im *Observer* eine Kritik von *The Secret*. Ich dachte mir, dass ich das Buch sicher mit Vergnügen lesen würde, und nahm mir vor, es zu kaufen, sobald es erschienen war. Aber dieses Vorhaben geriet zusammen mit vielen anderen in Vergessenheit.

Dann fuhr ich wieder einmal von einem sofort als Sackgasse erkennbaren Vorstellungsgespräch nach Hause und fand in der Bahn »zufällig« einen *Evening Standard*, den jemand liegen gelassen hatte. Ich blätterte ein wenig ... und da waren schon wieder Auszüge aus *The Secret*! Das erschien mir an diesem tristen Tag wie ein Hinweis von »da oben«, und ich steuerte nach der Fahrt schnurstracks den nächsten Buchladen an.

Zu Hause vertiefte ich mich gleich in die Lektüre und machte meine ersten Visualisationsübungen. Ich ließ das Universum wissen, ich sei empfangsbereit. Kaum hatte ich das Buch um halb sechs an diesem Abend durch, klingelte das Telefon. Es war der stellvertretende Geschäftsführer der Gesellschaft dran, bei der ich gern arbeiten wollte – kein Assistent, kein Personaler, nein, der zweite geschäftsführende Direktor höchstselbst. Er fragte an, ob ich wohl Zeit hätte, am nächsten Tag um halb zehn vormittags ein Gespräch mit ihm und dem großen Boss zu führen!

Ich staunte, ich war begeistert, ich rannte aus dem Haus, um meinen Partner gleich an der Bushaltestelle abzufangen und ihm brühwarm alles über das Buch und den Anruf zu erzählen. Auf dem Heimweg erschien plötzlich über einer Hecke der Kopf einer Freundin, die wir einige Zeit nicht gesehen hatten. Sie arbeitet in einer Trattoria in der Nähe und lud uns spontan auf einen Prosecco ein, einfach so.

Am Abend visualisierte ich meine Fahrt zu diesem Gesprächstermin, ich sah, wie alles bestens funktionierte und ich die Stelle bekam. Die Fahrt verlief wie gewünscht, der sonst so dichte Verkehr war deutlich geringer. Das Gespräch war gut, wenn auch sehr lang. Das definitive Angebot ging schon am nächsten Tag mit der Post ein und lag mit seinem Gesamtvolumen zwanzig Prozent über meinen früheren Bezügen.

In diesem Job habe ich fünf Jahre mit Vergnügen gearbeitet und dann gewechselt. *The Secret* blieb im Regal stehen, bis mein Partner mich nach neun Jahren urplötzlich verließ. Ich war am Boden zerstört. Tief innen fühlte ich, dass es nicht aus war zwischen uns. Ich zog *The Secret* heraus, las es – und dann noch einmal. Ich lud mir auch den Film herunter und sah ihn mir während meiner täglichen Pendelfahrten an. Ich visualisierte uns glücklich neu vereint.

Das Visualisieren war schwierig. Die Trennung fühlte sich einfach falsch an, wenn ich auch nicht zu sagen vermochte, weshalb. Nach knapp eineinhalb Jahren kehrte mein Partner zurück. Das war wunderbar, wir ließen es ganz sanft angehen. Die Arbeit verlangte mir alles ab, und er war für mich da. Sieben Monate später stellte sich um ein Uhr in der Nacht heraus, weshalb meine Seele wusste, dass sein Platz hier bei mir war.

Ohne jede Vorwarnung erlitt ich einen Herzinfarkt mit anschließendem Herzstillstand.

Mein Partner führte eine Herz-Lungen-Reanimation durch, bis die Ambulanz kam. Er blieb auch bei mir, als ich für drei Tage ins künstliche Koma versetzt wurde, und danach bis zu meiner vollständigen Genesung.

Ich hatte gewusst, dass er hier bei mir sein musste, und das hatte ich auch visualisiert. Ich blieb meiner Wahrheit treu. Und heute? Auch jetzt arbeitet das Geheimnis wieder für mich. Sieh es, glaub es, lass es geschehen.

Der Herzstillstand machte mir klar, dass sich etwas ändern musste. Ich arbeite nach wie vor Vollzeit als Fernsehproduzentin und nach wie vor gern, aber ich qualifiziere mich nebenher als klinische Hypnotherapeutin sowie als Coach und Sprecherin auf dem Gebiet der kognitiven Verhaltenstherapie. Das hatte ich mir immer schon gewünscht, aber keine Möglichkeit der Verwirklichung gesehen. Jetzt sah ich es, ich visualisierte es und fand auch (abends und an den Wochenenden) Zeit für die notwendigen Grund- und Aufbaukurse, für alles, was zu studieren und zu üben war, um die Qualifikation zu erwerben.

Mein Partner und ich sind weiterhin zusammen, dazu haben wir zwei elfjährige »mürrische Katzen« aus dem Tierheim und einen überschwänglich munteren neun Monate alten Welpen.

Es geht tatsächlich so: Lächle, und du kannst nicht traurig sein. Sag Dank, und lass immer mehr Gutes entstehen.

Kate L., London, England

Immer wenn Kate einen Wunsch visualisierte, lieferte ihr das Universum genau das Gewünschte, sogar den Partner ließ es zurückkehren. Natürlich können wir uns nicht gegen die freie Wahl eines anderen durchsetzen: Damit Kates Wunsch wahr werden konnte, musste er schon das Gleiche wollen. Die beiden gehörten einfach zusammen.

AM SCHEIDEWEG

Ich kann es kaum erwarten, meine Geschichte zu erzählen, ihren früheren und ihren heutigen Teil. Der Frieden, den ich habe, seit ich weiß, dass ich meine Geschichte selbst kreiere, hat mein Leben verwandelt und wird es weiterhin tun. Ich habe noch nie so viel Dankbarkeit empfunden wie heute.

Ich bin einunddreißig und in der Phase der Rehabilitation von meiner Heroin- und Kokainsucht.

Noch vor dreieinhalb Jahren hatte ich ein nach herkömmlichen Maßstäben sagenhaftes Leben. Ich fand die große Liebe und brachte ein absolut hinreißendes Wesen zur Welt, meinen Sohn Tayven. Wir lebten in einem schönen Haus, besaßen zwei stattliche Autos und eine Harley. Eigentlich lebte ich den amerikanischen Traum.

Aber ich war nicht wirklich dankbar für all das Schöne in meinem Leben, und deshalb habe ich alles wieder verloren oder, wie ich lieber sage, verschenkt. Man sagt ja auch: »Du weißt erst, was du hast, wenn du es verlierst.« Nun, vielleicht weiß einer, was er hat, aber empfindet keine Dankbarkeit, bis es auf einmal alles weg ist.

In der Rückschau begreife ich nicht ganz, dass ich es überhaupt je zu etwas gebracht habe. Ja, ich verstand mich aufs Anschaffen von diesem und jenem, aber ich besann mich nie auf das wirklich Wichtige, ich sah nicht, dass ich selbst diese Dinge und all meine Lebensumstände erzeugte. Ich empfand keine Dankbarkeit für die Menschen, die mich darin unterstützten, und für all die Chancen, die sich mir so reichlich boten.

Heute bin ich sehr dankbar für die neue Sicht des Lebens, zu der ich durch den Verlust von allem, was mir lieb war und wofür ich gearbeitet habe, gelangt bin. Ich fing, wie man so sagt, bei null wieder an, und erst dadurch konnte ich erkennen, wie reich beschenkt ich gewesen war.

Ich saß wegen Drogenbesitz ein Jahr im Gefängnis und bin jetzt vorbestraft. Ich war nicht nur undankbar gegenüber den Menschen und Dingen in meinem Leben, sondern ich fühlte mich auch durchaus berechtigt, ihnen zugedröhnt zu begegnen.

Das erste halbe Jahr im Knast habe ich den Leuten da draußen und den Umständen die Schuld an meiner Lage zu geben versucht. Der echte Sinneswandel setzte erst ein, als ich *The Secret* las und seinem Rat folgte, nach innen zu blicken und mich für mein Schicksal selbst verantwortlich zu fühlen. Dieses Buch kam wirklich zum bestmöglichen Zeitpunkt in mein Leben. Ich stand buchstäblich an einem Scheideweg, es hätte von hier aus zwei grundsätzlich verschiedene Verläufe nehmen können.

Nach vier beinah tödlichen Überdosen, einer Lungenembolie und einem Jahr hinter Gittern sage ich von Herzen Dank – nicht nur allen, die an der Entstehung von *The Secret* mitgewirkt haben, sondern auch dem Universum, das getreulich all das in mein Leben gebracht hat, worum ich »ersucht« hatte. Das waren nicht nur erfreuliche Dinge, aber sie wurden dennoch gewährt. Ich bin so froh, dass ich überlebt habe, und dankbar für die Gelegenheit, endlich nach dem Richtigen zu fragen.

Ich glaube, mein Fall zeigt sehr deutlich, was das Geheimnis für jemanden leisten kann, der nicht davor zurückschreckt, beim Blick auf sein Leben zu erkennen, dass er alles selbst angezogen hat. Ich wünsche mir nichts so sehr, als dass alle Menschen in der Dankbarkeit und dem Optimismus leben, die heute mein Alltag sind.

Avery H., Salt Lake City, Utah, USA

Dankbarkeit als Wende des Lebens

Manchen Menschen scheint Dankbarkeit angeboren zu sein, andere bemerken erst später, welche Schlüsselrolle sie im Zusammenhang mit dem Gesetz der Anziehung spielt. Jedenfalls finden Sie in kleinen wie in großen Schwierigkeiten leichter den Ausweg, wenn Sie Dankbarkeit üben.

VERSTEHEN, WAS DANKBARKEIT EIGENTLICH IST

Wie soll ich es erklären? Ich wollte wissen, was es bedeutet, wenn es in *The Secret* heißt, dass man für alles dankbar sein soll, für das, was man hat, und für das, was man sich wünscht. Ich war mir nicht sicher, ob ich das konnte. Nachdem ich

Buch und CD gekauft hatte, las ich zwei Wochen lang und hörte mir immer wieder das Hörbuch an. Ich wollte unbedingt verstehen, um mein Schicksal dann selbst bestimmen zu können, aber mir wurde nicht klar, dass man erst bekommen kann, wenn man dankbar ist – für alles, was man bereits hat, aber auch für das, was man bekommen wird.

Das änderte sich ziemlich plötzlich, als ich einmal vom Wecker aus dem Schlaf gerissen wurde und es gar nicht schön fand, so früh aufstehen zu müssen. Es gelang mir, sofort auf Fröhlichkeit umzuschalten, und so stand ich auf. Ich ging barfuß in den Garten, fühlte den Wind im Gesicht und das Gras zwischen den Zehen und bedankte mich für alles. Ich dankte dem Universum dafür, dass ich bin, wie ich bin, für mein Haus, meine Familie und für diesen Genuss, hier im Freien zu stehen. Ich bedankte mich für alles, was mir in den Sinn kam, auch für das, was ich mir wünschte und anziehen wollte. Das wiederholte ich die nächsten beiden Tage, und jetzt weiß ich endlich, wie es sich anfühlt, für alles ringsum zutiefst dankbar zu sein.

Ich brauche meine sonstigen Tätigkeiten nicht zu unterbrechen, um bewusst dankbar zu sein. Dankbarkeit, Glück und Liebe strahlen einfach von mir aus. Früher habe ich mich schnell geärgert, aber seit ich das Geheimnis entdeckt habe und vor allem seit ich für alles Dankbarkeit empfinde, gibt es nicht mehr viel, was mich aus der Fassung bringt, und wenn es doch einmal geschieht, fange ich mich gleich wieder und sage mir, dass ich nur in einer Schwingung von Liebe, Glück und Dankbarkeit bekommen kann, was ich mir wünsche.

Dieses Gefühl der tiefen Dankbarkeit für alles, was in mir strahlt und leuchtet, wünsche ich jedem Menschen. Da ist die ganze Welt ein einziges Leuchten. Ich sehe den Schmetterlingen im Garten zu, und sie erfüllen mich mit Dankbarkeit wie das Zwitschern der Vögel vor dem Fenster, der Wind in meinem Haar; für das Wissen, dass meine Wünsche bereits erfüllt sind, für einfach alles. Jetzt weiß ich es endlich: Dankbarkeit für alles ringsum erzeugt Frieden und Liebe im Innern, und die bringen einem immer mehr von dem, was man sich wünscht.

Elizabeth M., San Diego, Kalifornien, USA

Um den folgenden Tag zu gestalten, lassen Sie den heutigen abends im Bett vor dem Einschlafen noch einmal Revue passieren und sind dankbar für seine schönen Momente ... Sagen Sie sich beim Einschlafen:»Ich werde tief schlafen und energiegeladen erwachen. Morgen wird der schönste Tag meines Lebens.«

The Secret – Das Praxisbuch für jeden Tag

DANKBARKEIT HAT MIR DAS LEBEN GERETTET

Ich habe in einem Hochstressjob gearbeitet – viel zu viele Stunden die Woche und mit einem Arbeitspensum, das eigentlich nicht zu schaffen war. Ich war derart überlastet, dass ich Angst- und Panikattacken bekam. Mir schwindelte, das Herz raste. Ich zitterte bereits, hatte Kopfschmerzen und geriet in Panik, wenn ich das Büro betrat. Ich schottete mich von Freunden und Angehörigen ab, ging nicht mehr unter die Leute, hörte auf, mich sportlich zu betätigen oder überhaupt um mein Wohlergehen zu kümmern.

Ich kam nicht damit zurecht, dass ich diese Angst nicht mehr im Griff hatte, die mich seelisch und körperlich überwältigte – es gab inzwischen keine angstfreien Bereiche mehr in meinem Leben. Ich fing sogar an zu überlegen, wie ich mir das Leben nehmen könnte. Aber etwas hielt mich auf und ließ mich einen neuen Ansatz suchen.

Ich hatte den Film *The Secret* gesehen, und da ich dem Universum ganz in der Tiefe vertraue, folgte ich dem Impuls, mir *The Magic* zu kaufen und mit den täglichen Dankbarkeitsübungen zu arbeiten. Das war anfangs etwas schwierig, wurde aber immer leichter, als sich die Dinge in meinem Leben zu ändern begannen. Es waren zunächst kleine Veränderungen, zum Beispiel die liebevolle SMS einer Freundin oder ein Kompliment, die mich wieder erreichten, oder auch irgendeine Veranstaltung, die mir wider Erwarten Freude machte. Dann passierten nach und nach auch gewichtigere Dinge.

Am zehnten Tag bekam ich ohne Vorankündigung »Stressurlaub« von meinem Arbeitgeber und konnte mich ausruhen. Am zwanzigsten Tag war mir ganz klar, was für eine Art von Arbeit ich eigentlich wollte, und es boten sich auch bereits unglaubliche berufliche Chancen auf dem Gebiet, auf dem ich bestens bewandert bin. Ich nahm mir ein Herz, kündigte meinen Knochenjob und ging nie wieder dorthin.

Am vierundzwanzigsten Tag war mir klar, dass meine Dankbarkeitspraxis mir das Leben gerettet hatte. Da ich diese Ruhezeit bekam und mich erholen konnte, hatte ich jetzt Gelegenheit, mir Gedanken zu machen, dankbar eine »Bestellung ans Universum« zu erarbeiten und darin mitzuteilen, welches Leben ich mir wünschte. Ich baue mittlerweile fest darauf, dass alles auf meiner Liste schon unterwegs ist.

Nach dieser langen Zeit der Verzweiflung, an der ich beinah zerbrochen wäre, wache ich heute jeden Tag in jubelnder Freude auf und danke immer wieder für alles, was ich habe.

Achtundzwanzig Tage nachdem ich mit der Lektüre und Praxis von *The Magic* begonnen hatte, wurde mir mein Traumjob angeboten. Die Firma erfüllt nicht nur alle auf meinem »universalen Wunschzettel« notierten Kriterien, sondern darüber hinaus entspricht mein Gehalt auf den Dollar genau dem Betrag, den ich auf den Scheck aus dem Buch geschrieben hatte. Ich bekam eine Gänsehaut, als das definitive Angebot einging. Es war wirklich kaum zu fassen: Das göttliche Universum stellte mir alles bereit, was ich geordert hatte.

Danke, danke, danke.

Olivia M., Canberra, Australien

Jeder Wunsch kann in Erfüllung gehen

Unsere nächsten Erzähler stellten fest, dass das Universum uns wirklich alles gönnt und bereitstellt, was wir uns wünschen.

WUNDER ÜBER WUNDER!

In meinem Leben ging es drunter und drüber, als ich auf das Geheimnis stieß. Ich erholte mich langsam von einem geistig-seelischen Zusammenbruch und diversen sehr belastenden Süchten, und in meinen Beziehungen sah es finster aus. Meine Schwester, mit der ich zusammenlebte, litt an den Folgen eines Gehirnschlags und einer geplatzten Verlobung. Sie hatte stark abgenommen und war so schwach geworden, dass ich jeden Tag dachte, es könne ihr letzter sein.

Als ich den Film *The Secret* zum ersten Mal sah, weinte ich vor Freude. Als Kind hatte ich gewusst, dass ich mein Leben selbst gestalten konnte, aber ich hatte mich diesem göttlichen Teil meiner selbst irgendwie entfremdet.

Von diesem Tag an wendete sich mein Leben zum Besseren.

Ich habe das Geheimnis fleißig angewendet und inzwischen ein schönes neues Zuhause in einer anderen Stadt gefunden – weg von allen Süchten und vergiftenden Energien.

Außerdem arbeite ich mithilfe des Geheimnisses seitdem daran,

- mein Einkommen zu verdoppeln,

- mit dem Rauchen aufzuhören, nachdem ich dreiundzwanzig Jahre Kettenraucherin gewesen war,

- meine belastenden psychischen Probleme aufzuarbeiten,

- mich von Alkohol-, Substanz- und Beziehungsabhängigkeit zu befreien und

- endlich meine geschäftlichen Träume zu verwirklichen, mit denen ich schon Jahre liebäugele.

Aber vor allem bin ich stolz darauf, dass ich ein ganz anderer Mensch geworden bin und Schmerz in Kraft verwandelt habe. Ich bin stark, mutig und voller Freude, ich habe eine ganz neue Beziehung zur Liebe und zum Leben geknüpft.

Meiner Schwester geht es zusehends besser, und ich selbst wende jetzt das Geheimnis an, um die Liebe meines Lebens anzuziehen.

Ich liebe dieses Universum und dieses Leben und bin unendlich dankbar für all die Wunder, die das Geheimnis in mein Leben gebracht hat und weiterhin bringt.

R. Lal, Pune, Indien

Leben Sie Ihren Traum zunächst in Ihrem Innern, voll und ganz, dann wird er sich in Ihrem Leben manifestieren. Wenn Sie innerlich ganz darauf eingestellt sind, werden Sie alles Nötige anziehen, damit er Wirklichkeit wird.

Dies ist das Gesetz. Alles, was Sie in Ihrem Leben erschaffen, nimmt seinen Anfang in Ihrem Innern.

The Secret – Das Praxisbuch für jeden Tag

MEIN GRÖSSTER TRAUM WIRD WAHR!

Ich bin zwanzig Jahre alleinerziehende Mutter gewesen, und ich hatte immer Geldsorgen. Ich machte keine Reisen, ich hatte kein Wohneigentum. Mein größter Wunsch, dessen Verwirklichung ich mir versprochen hatte, war eine Reise nach England. Ich bin immer nur in Nordamerika gewesen, und meine erste Auslandsreise sollte nach London gehen. Ich wünschte mir auch ein Eigenheim und das Gefühl von komfortabler finanzieller Sicherheit. Lange Jahre war für mich nicht zu erkennen, wie auch nur einer dieser Wünsche sich erfüllen sollte.

Dann stieß ich auf *The Secret*. Ich war begeistert, das Geheimnis gab mir die Hoffnung, dass ich meine Lebens-umstände endlich dauerhaft zum Besseren wenden konnte. Ich kaufte dann auch *The Power* und *The Magic* und konzen-trierte mich auf das, was ich liebe. Jeden Tag übe ich mich in Dankbarkeit. Es ging mir darum, mich ganz und gar mit Liebe und Dankbarkeit zu tränken, mit dem Glauben, dass ich selbst mein Leben verbessern kann.

Irgendwie wusste ich, dass Wiederholung dafür wichtig ist, und so las ich diese Bücher immer wieder, bedankte mich für alles und machte meinen Glauben immer stärker.

Es hat angeschlagen, und mir kommen heute noch manchmal die Tränen, wenn ich bedenke, wie gut das alles in meinem Fall gewirkt hat.

Meine Dankbarkeits- und Visualisationsübungen habe ich mit der Zeit noch intensiviert. Dreißig Tage in Folge habe ich morgens gleich nach dem Aufwachen und dann noch einmal abends vor dem Einschlafen geübt. Die Resultate waren sehr überzeugend. Innerhalb eines halben Jahres ist es zu den folgenden erstaunlichen Verbesserungen in meinem Leben gekommen:

- Mein Sohn hat sein Studium abgeschlossen, den Job gefunden, den er wollte, und wohnt jetzt in seiner eigenen Wohnung. Es ist für mich eine große Freude, ihn so gesund, glücklich und erfolgreich in seinem eigenen Leben zu sehen.

- Mein Jahreseinkommen hat sich um dreißigtausend Dollar erhöht.

- Zusätzlich verdiene ich zu Hause noch etwas mit einer kleinen Nebenbeschäftigung.

- Mir wurde ein Immobiliendarlehen bewilligt, sodass ich mir eine nagelneue Eigentumswohnung mit erstklassiger Ausstattung und Tiefgarage leisten konnte.

- Ich habe eine Reise nach London und Paris gebucht, weil ich weiß, dass ich mein Kreditkartensoll jetzt innerhalb eines halben Jahres abbezahlen kann.

- Meine alten Möbel habe ich alle meinem Sohn geschenkt und neue gekauft, die ich in drei Jahren abbezahlt haben werde.

- Die Finanzierung meines neuen Wagens läuft über sechs Jahre.

- Dann hat meine Mutter 1,15 Millionen Dollar in einer Lotterie gewonnen und ihre Kinder großzügig daran teilhaben lassen. So konnte ich alle Schulden – Reise, Möbel, Auto – auf einen Schlag begleichen. Das Immobiliendarlehen bleibt mir natürlich, aber ich konnte Geld beiseitelegen und bin jetzt einfach flüssiger.

- Und kaum zu glauben: Zwei Monate später gewann mein Onkel (der auch mein Taufpate ist) 1,4 Millionen Dollar in einer anderen Lotterie.

- Jetzt kann ich mir sogar den lang ersehnten Trip nach New York leisten!

Alles hat sich erfüllt, was ich mir für mich selbst gewünscht hatte, und darüber hinaus kann ich mich auch noch am Erfolg und Wohlstand meines Sohns und meiner Mutter freuen. Das fühlt sich so gut an!

Mein Leben verläuft weiterhin sehr zufriedenstellend. Ich verdiene gut und unternehme Reisen. Ich verstehe mich weiterhin sehr gut mit meinem Sohn und sehe ihm zu, wie er sein Leben aufbaut. Es ist wunderbar.

Ich bin Ihnen so dankbar, Rhonda. Sie haben mir geholfen, mein Leben zum Besseren zu wenden. Danke, danke, danke.

Kim J., Kanada

Wir haben nicht alles in der Hand, was in unserem Leben geschieht, schließlich spielen hier ja auch andere Menschen eine Rolle, deren Verhalten sich unserer Kontrolle entzieht. Aber wir können, wie Charlotte im nächsten Bericht so überzeugend klarmacht, selbst bestimmen, wie wir auf die Ereignisse reagieren.

VERLUSTE ÜBERWINDEN

Ich habe in den vergangenen zwölf Jahren große Verluste zu verkraften gehabt. Meine Mutter, meine vier Onkel, zwei Tanten, vier Freunde der Familie und zwei geliebte Haustiere, sie alle starben. Der letzte Verlust war meine allerliebste kleine Katze Renny, die im Frühling im Alter von vierzehn Jahren verschied. Jetzt habe ich als Familie nur noch meinen siebenundachtzigjährigen Vater und eine Schwester.

Hätte man mir früher, bevor ich *The Secret* kennenlernte, erzählt, dass ich innerhalb von ein paar Jahren solche Verluste erleiden würde, hätte ich nicht gewusst, wie ich überhaupt weiterleben sollte. Sicher, der Kummer und die Einsamkeit waren groß, als diese Verluste eintraten, ich war untröstlich, weinte viel und hatte auch immer wieder mit Ängsten und Depressionen zu kämpfen. Dem Geheimnis und dem Gesetz der Anziehung verdanke ich jedoch, dass ich meinen Kummer jedes Mal überwand und schneller ins Leben zurückkehrte, als ich für möglich gehalten hätte. So unwahrscheinlich es angesichts dieser Ereignisse klingen mag, in den letzten Jahren genieße ich mein Dasein sogar mehr als früher. Ich fühle mich kräftiger und finde das Leben einfach erfüllter, interessanter und spannender.

The Secret war für mich eine Offenbarung, weil es mir klarmachte, dass wir nicht Opfer unserer Lebensumstände und Gefühle sein müssen. Früher dachte ich, dass wir den Geschehnissen und sogar unseren Gefühlsreaktionen mehr oder weniger wehrlos ausgeliefert sind. Ich lebte in ständigen Ängsten und rechnete immer mit der nächsten Krise, die mich wieder abstürzen lassen würde. Außerdem machte ich mein Glück stets von dem abhängig, was andere taten oder unterließen. Es war ein richtiger Aha-Moment, als ich jetzt hörte, dass ich zwar das Verhalten der anderen nicht steuern konnte, wohl aber meine Reaktionen selbst in der Hand hatte. Das gilt gleichermaßen für die Erkenntnis, dass ich alles Gute und Schlechte in meinem Leben, auch in meinem zukünftigen, mit meinen eigenen Gedanken anziehe.

Mir ist bewusst, dass ich gegen den Tod geliebter Menschen und Tiere nichts unternehmen kann, aber durch das Geheimnis weiß ich jetzt, dass ich durchaus Einfluss auf meine Reaktionen habe. Ich entscheide selbst, ob ich innerlich zusammenbreche, mich an die Vergangenheit klammere und das Unmögliche herbeisehne oder ob ich geliebte Menschen gefasst gehen lasse und ihr Sterben als eine Phase ihrer eigenen spirituellen Reise akzeptiere, während ich zugleich nach dem Schönen Ausschau halte, das die Zukunft bereithält. Was für ein kraftvoller Gedanke, der uns zu Herren unseres Schicksals macht!

Bei jedem Verlust oder Rückschlag habe ich mir *The Secret* noch einmal angesehen, um meine Kraftreserven aufzufüllen und meine Begeisterung fürs Leben neu zu entfachen – jedes Mal mit überzeugender Wirkung. Dazu kommt es natürlich nicht über Nacht, aber ich bin sicher, dass ich ohne das Geheimnis heute ganz schlecht dran wäre.

Charlotte B., Ontario, Kanada

Die Verfasser der in diesem Buch wiedergegebenen Geschichten hatten nichts anderes im Sinn, als *Sie* moralisch aufzurichten und zu inspirieren. Immer wieder war auch von Leid die Rede, und offenbar ist es so, dass großes Leid manchmal die stärksten Anstöße zu grundsätzlichen Veränderungen gibt. Aus der Asche wächst neues Leben.

Es ist nie zu spät für Veränderungen und Kehrtwenden, kein Tiefpunkt ist so hoffnungslos, dass es keinen Rückweg mehr gäbe. Chancen sind nie unwiederbringlich vertan. Und das Allerbeste: Sie brauchen die Welt nicht zu verändern, sondern sie wird sich vor Ihren Augen verwandeln, sobald Sie anfangen, anders zu denken und anders zu fühlen. Dann werden *Sie* etwas zu erzählen haben, was andere aufrichtet und inspiriert. Sie haben sich geändert und bewirken damit immer weitere Veränderungen.

RINGEN MIT DEM GEHEIMNIS

Mit zweiundzwanzig fasste ich Fuß in meinem Traumjob, ich wurde professioneller Wrestler. Zwar musste ich mich erst noch von den unteren Rängen hocharbeiten, lebte aber in der Hoffnung, dass ich es bis nach ganz oben schaffen würde. Seit ich zwölf war, wollte ich nie etwas anderes werden als Wrestler. Mir lag dieses Körperliche, und ich lernte auch sehr gern. Hier kam ich jetzt aber in ein »Arbeitsumfeld«, das meinen Vorlieben ganz und gar nicht entsprach. Es war eine völlig neue Welt, eine Welt der seelischen und körperlichen Misshandlungen, in der es darum zu gehen schien, die Menschen zu brechen.

Ganz allmählich, kaum merklich, wurde ich immer negativer, und der Mut sank mir von Tag zu Tag mehr. Die üble Atmosphäre, die auf mich übergriff, höhlte mein Selbstbewusstsein aus. Ich warf aber nicht hin, das ist einfach nicht meine Art, sondern raffte mich immer wieder zu neuen Anläufen auf – und fing mir stets aufs Neue Tiefschläge ein, die mich schachmatt setzten.

Der große Knall kam, als ich dachte, schlimmer könne es nicht mehr werden. Ich musste in eine andere Stadt und sah dort dem schwierigsten Jahr meines Lebens entgegen. Auf der körperlichen Seite verbesserte ich mich weiter, aber innerlich war ich eigentlich bereits geschlagen. Ich steckte mir keine echten Ziele mehr, sondern ließ mich mehr oder weniger treiben. Ich saß deprimiert vor dem Fernseher oder absolvierte traurig mein Training. An arbeitsfreien Abenden ging ich mit ein paar Typen einen heben und wachte dann am Morgen noch niedergeschlagener auf. Etwas Schweres und Ungutes hatte auf mein Leben übergegriffen. Immer öfter hatte ich Albträume, in denen ich rausgeschmissen wurde – gefeuert aus dem Job, der einmal mein Traumberuf gewesen war.

Einmal sprach ich beim Training mit meinem besten Freund Pat. Pat war so etwas wie ein unbezahlter Statist, der es von Tag zu Tag darauf anlegte, einen bezahlten Vertragsjob zu bekommen, wie ich ihn bereits hatte. Wir waren im Ring mit unseren Dehnübungen beschäftigt und wärmten uns fürs Training auf. Auf einmal hörte ich mich sagen: »Heute schmeißen sie mich raus.« Pat blickte auf und erwiderte: »Dich doch nicht. Du bist hier der große Zampano mit den besten Anlagen.« Aber ich konnte diese Ahnung einfach nicht abschütteln.

Dann machte in der Umkleidekabine das Gerücht die Runde, dass drei Leute einer Vertragsauflösung entgegensahen. Ich ging in düsterer Stimmung heim und legte mich erst einmal schlafen, um von nichts mehr zu wissen. Als ich aufwachte, war etwas auf dem Anrufbeantworter. Mein Boss. Ich war draußen.

Ich schämte mich grenzenlos über dieses Versagen in meinem Traumberuf. Das war der absolute Tiefpunkt. Ich zog bei einem Mädchen ein, das ich schon eine Weile kannte, und fand einen Job in einem Kettenrestaurant. Dort arbeitete ich fünfzig bis sechzig Stunden die Woche, und der Job machte mir durchaus Spaß, aber das Wrestling vermisste ich schmerzlich. Es wurde ein bisschen besser, als ich Pat auch in diesem Laden untergebracht hatte und wir uns wenigstens über unsere Träume und Fehlschläge unterhalten konnten.

Mein Konsum von Alkohol und Kautabak nahm beängstigend zu. Mein Arbeitstag hatte zehn bis zwölf Stunden, und jeden Abend kaufte ich eine Flasche Wodka, die ich zusammen mit meiner Freundin leerte. Das wirkte anfangs ganz harmlos, aber wir trennten uns schließlich, und ich sank noch tiefer. Traumjob perdu, Freundin weg. Auch in ihrem schönen großen Haus konnte ich jetzt nicht mehr bleiben und wohnte in einer heruntergekommenen Einzimmerwohnung, in der es nichts als einen Fernseher, ein billiges Bett und ein von ihr leihweise zur Verfügung gestelltes Sofa gab. Aus Scham scheute ich das Gespräch mit meinen Eltern und ließ mich zwei Jahre lang nicht mehr zu Hause blicken.

Pat machte sich ernsthaft Sorgen um mich, und da er selbst gerade das unerfreuliche Ende einer Beziehung erlebt hatte, suchten wir uns in der Nähe unserer Arbeitsstelle eine bezahlbare gemeinsame Wohnung – beide in der Hoffnung, dass wir unsere Wrestling-Träume eines Tages weiterverfolgen würden.

Einmal besuchte zufällig ein alter Freund, den ich lange nicht gesehen hatte, das Restaurant, in dem ich arbeitete. Er war tief erschrocken, mich hier und in dieser Lage zu sehen, und bevor er wieder ging, erzählte er noch, ein Buch mit dem Titel *The Secret* habe ihm sehr geholfen. Er steckte mir ein bisschen Geld zu und sagte:»Kauf dir das Buch, es wird dir weiterhelfen.«

Ich dachte mir, das könne wohl nicht schaden, und kaufte das Buch. Am Abend zu Hause las ich es bis zum Ende durch. Ich war wie gebannt, und mir fiel ein, dass ich als Junge sogar weitgehend nach diesen Prinzipien gedacht hatte. Später dann änderte sich etwas, und das Bewusstsein, dass ich alles schaffen konnte, was ich mir vornahm, verschwand. Ich las das Buch noch einmal, dann zog ich los und besorgte mir den Film und eine Visionstafel, um mir alle meine Ziele direkt vor Augen zu führen.

Pat hatte die Spätschicht, und als er heimkam, erzählte ich ihm vom Geheimnis. Er horchte sofort auf, vielleicht erkannte er auch, dass bei mir etwas gezündet hatte. Er sah sich das Video an, las das Buch und besorgte sich ebenfalls eine Visionstafel. Unsere Wohnung wurde zum Visualisationstheater für unsere Zukunft – überall Motivationsbilder und Poster.

Schon im ersten Monat sagte Pat, ich solle doch mal wieder mit zum Wrestling kommen. Ich ging mit, und von da an stürzten wir uns zusammen ins Gewühl. Es machte Spaß. Ich war guter Dinge. Okay, wir hatten immer noch diese endlose anstrengende Arbeit im Restaurant, aber die Energie war jetzt eine andere.

Einmal sah ich mir *Terminator 2* an, als mir plötzlich etwas aufging. Ich fühlte mich wie Arnold! Ja, ich fühlte mich unbesiegbar, und hatte ich nicht genug durchgestanden, um jetzt eine Art Terminator zu sein? Ich gab mir diese neue Identität, und mit dem Wissen um das Geheimnis war ich bereit für die zweite Runde in meinem Traumberuf.

Kurz gesagt: Ich machte Eindruck auf meine alten Bosse und war am Ende wieder in meinem Traumjob. Ich kam richtig groß heraus, und heute nenne ich alles mein Eigen, wovon ich je hätte träumen können.

Es gäbe noch viel zu erzählen, aber im Wesentlichen war das die Geschichte des zwölfjährigen Ryan Reeves, der davon träumte, ein professioneller Wrestler zu werden. Der Traum schien sich zuerst zu realisieren, verpuffte dann aber, um nach der Entdeckung des Geheimnisses zu neuem Leben zu erwachen. Heute kann er stolz berichten, dass man ihn weltweit als WWE-Superstar kennt, als Ryback, The Big Guy.

Und Pat? Der besitzt heute zwei Wrestling-Unternehmen und zwei Trainingszentren und hat wirklich was aus seinem Leben gemacht. Noch vor sieben Jahren lebten wir zusammen in einer kleinen verqualmten Bude, geschlagen und entmutigt. Kaum zu glauben, was man mit diesem Wissen alles anfangen kann.

Ryan R., Las Vegas, Nevada, USA

Unser natürlicher Seinszustand ist die Freude.
Es kostet so viel Energie, negative Gedanken zu
denken, negative Worte zu sprechen und
unglücklich zu sein. Der einfache Weg sind gute
Gedanken, gute Worte und gute Taten.

Schlagen Sie den leichteren Weg ein.

The Secret – Das Praxisbuch für jeden Tag

Jeder kann selbst dafür sorgen, dass er alles bekommt, was
er sich wünscht. Die Welt da draußen zeigt einfach Wir-
kungen: Sie ist das Ergebnis unserer Gedanken. Denken Sie
glückliche Gedanken, sonnen Sie sich darin. Strahlen Sie
Freude und Glück aus, senden Sie sie mit aller Kraft ins
Universum hinaus, und Sie werden den Himmel auf Erden
erleben.

Schlüssel zu einem anderen Leben

- ☞ Alles Gute im Leben steht Ihnen zu. Was immer Sie sich auch wünschen, das Universum will, dass Sie es bekommen.

- ☞ Behandeln Sie sich so, wie Sie von anderen behandelt werden möchten.

- ☞ Wenn Sie schlecht von sich denken, ziehen Sie Schlechtes an.

- ☞ Das Leben spiegelt Ihnen, was Sie fühlen.

- ☞ Alle Schöpfungen Ihres Lebens beginnen in Ihnen.

- ☞ Leben Sie Ihr Traumleben zuerst innerlich, dann wird es sich auch außen manifestieren.

- ☞ Alles geschieht für Sie, auch wenn es nicht immer gleich so aussieht.

- ☞ Aus kleinen und großen Schwierigkeiten werden Sie leichter einen Ausweg finden, wenn Sie Dankbarkeit üben.

☞ *Entscheidend ist nicht, was Ihnen widerfährt, sondern* wie Sie darauf reagieren.

☞ *Alles lässt sich ändern, es ist nie zu spät – ändern Sie Ihr Denken, ändern Sie Ihr Fühlen.*

Dank

Es ist mir eine Freude, all den Menschen danken zu können, die mit Unterstützung und Beiträgen an diesem ganz besonderen Buch mitgewirkt haben.

Den wunderbaren Einsendern der hier wiedergegebenen Berichte, die mit ihren Secret-Geschichten nichts anderes im Sinn hatten, als andere Menschen zu inspirieren und zu fördern, danke ich von ganzem Herzen. Dank auch an Zehntausende anderer, deren Secret-Erzählungen auf unserer Website nachzulesen sind.

Dieses Buch ist das Ergebnis gemeinsamer Anstrengungen, und das machte mir die Arbeit von Anfang bis Ende zu einer einzigen Freude. Ich danke allen Angehörigen des Secret-Teams für ihr Engagement und unschätzbar wertvolle Beiträge. Wir sind eine relativ kleine Gruppe, aber hier haben sich unglaublich talentierte Leute zusammengefunden. Auf der redaktionellen Seite sind zunächst Paul Harrington und Skye Byrne zu erwähnen, die bei der Ausarbeitung des Manuskripts bis in die mühevolle Kleinarbeit hinein sehr eng mit mir zusammengearbeitet haben und keinen geringeren Anteil an diesem Buch haben als ich. Meinem Organisationsgenie Glenda Bell, meinem Finanzverwalter und einfach guten Menschen Don Zyck, dem Crack für soziale Medien Josh Gold und der Website-Editorin und lieben Freundin Marcy Koltun-Crilley – euch allen herzlichen Dank.

Für das Buchcover und die Gestaltung des Innenteils danke ich Nic George, der nicht nur ein begabter Künstler, sondern auch Creative Director bei *The Secret* ist. Dank auch an Albert Tang, Art Director bei Atria Books, der bei der Gestaltung des Buchumschlags mit Nic zusammengearbeitet hat.

Ich danke unserem wunderbaren Verlag Simon & Schuster, insbesondere dem Team von Atria Books. Dank an Atria-Verlagsleiterin Judith Curr, die wie ich Australierin und darüber hinaus ein ganz besonderer Mensch ist – zusammen mit dem besten Team, das man sich für die Zusammenarbeit in und mit einem Verlag vorstellen kann: Lisa Keim, Darlene DeLillo, Rakesh Satyal, Loan Le, Kimberly

Goldstein, Paige Lytle, Jim Thiel, Isolde Sauer, E. Beth Thomas, Carly Sommerstein, Dana Sloan und Judith Kern. Euch allen ganz herzlichen Dank!

Danke, Carolyn Reidy, CEO von Simon & Schuster. Dank auch an unser Rechtsteam mit Bonnie Eskenazi, Julia Haye und Jesse Savoir von Greenburg Glusker sowie bei Atria Books Elisa M. Rivlin.

Vielen spirituellen Lehrern und Traditionen habe ich für lebensentscheidende Erkenntnisse im Laufe der vergangenen zehn Jahre zu danken. Insbesondere danke ich meinem ständigen Mentor und Freund, dem Rosenkreuzer Angel Martin Velayos, sowie den Lehrern, die mein spirituelles Verständnis bei der Arbeit an diesem Buch geprägt haben, Sailor Bob Adamson (ich liebe dich, Bob!), Robert Adams und David Bingham.

Und meiner kostbaren Familie, meinen Töchtern Hayley und Skye, meinen wunderbaren Schwestern Pauline Vernon, Glenda Bell und Jan Child, außerdem Peter Byrne und Oku Den, Kevon »Kid« McKemy, Paul Cronin und meinen hinreißenden Enkeln Savannah und Henley – was für ein Segen, euch zu haben!

Großer Dank an liebe alte Freunde, die Freunde geblieben sind, auch wenn ich kaum je etwas anderes im Sinn habe, als über spirituelle Wahrheiten zu diskutieren: Elaine Bate, Mark Weaver, Fred Nalder, Forrest Kolb, Andrea Keir und Kathy Kaplan. Und an eine Handvoll besonderer Menschen, die ich über das Geschäftliche kennengelernt habe und die mein Leben so sehr bereichern: Robert Cort, den unglaublichen Kevin Murphy und Negin Zand, Dani Piola, meine persönliche Assistentin Pamela Vandervort, Eileen Randall und Eligia Trujillo.

Besonderer Dank gebührt meiner Tochter Skye, ohne die Sie dieses Buch jetzt nicht in der Hand halten würden. Sie hat an dem Buch nicht nur mitgearbeitet und es redaktionell betreut, sondern auf sie geht der Anstoß zur Veröffentlichung der Secret-Geschichten als Buch zurück, und sie war es auch, die das Projekt mit großer Begeisterung in allen Phasen vorangetrieben hat. So ist es jetzt eines der besten Bücher, die wir je herausgebracht haben – es stammt aus der Feder von Menschen wie Ihnen.

Die Verfasser aus den verschiedenen Ländern

Afrika

Alan M., Nairobi, Kenia
ZWEIFACHE GEHALTSVERDOPPELUNG, Seite 230

Asien

Tina, Hongkong
WIE ICH UNBESIEGBAR WURDE, Seite 168

Samita P., Mumbai, Indien
MEIN KLEINER ENGEL, Seite 172

L. Lal, Pune, Indien
WUNDER ÜBER WUNDER!, Seite 283

Glenda, Neuseeland
MEINER LIEBEN MUTTER, Seite 136

Europa (ohne Vereinigtes Königreich)

Tracy C., Kanarische Inseln
THE SECRET HAT MIR DAS LEBEN GERETTET,
Seite 62

Sabrina J., Tønder, Dänemark
VERGEBUNG HEILT, Seite 138

Nia, Deutschland
ICH GLAUBE!, Seite 29

Evangelia K., Athen, Griechenland
UND PLÖTZLICH DOCH: WAHRE LIEBE, Seite 131

Micki, Schweden
EIN NEUER ANFANG, Seite 67

Mittlerer Osten

Moxi, Israel
GLAUBE SENKT FIEBER, Seite 192

USA

Amy, Magnolia, Arkansas
WIE ICH MEINEN VATER ZURÜCKBEKAM,
Seite 135

Diana R., Phoenix, Arizona
SOFORT-KARMA, Seite 76

Knight A., Colorado Springs, Colorado
DIE ÄRZTE SPRECHEN VON EINEM WUNDER,
Seite 150

Zane G., Pueblo, Colorado
EINE UNGLAUBLICHE ÜBERRASCHUNG, Seite 104

Amanda, Connecticut
EIN PENNY, DER ALLES ÄNDERTE, Seite 46

Tricia, Brentwood, Kalifornien
EINMAL WÜNSCHEN, DANN LOSLASSEN,
Seite 39

Heidi T., Chico, Kalifornien
HAPPY POWER, Seite 80

Tammy H., Fullerton, Kalifornien
SCHREIBT DIE LIEBE NIEMALS AB, Seite 128

Lauren T., Laguna Beach, Kalifornien
MEIN WUNDERHERZ, Seite 152

Alex, Los Angeles, Kalifornien
EIN NEUES FAMILIENLEBEN, Seite 55

Ambika N., Los Angeles, Kalifornien
EIN GREENCARD-WUNDER, Seite 35

Chelsea, San Francisco, Kalifornien
GELD KOMMT LEICHT UND OFT!, Seite 94

Kathy B., San Francisco, Kalifornien
VOR LEEREN STÜHLEN?, Seite 118

K. C., Sunnyvale, Kalifornien
EIN »VERPFUSCHTES« IN EIN GLÜCKLICHES
LEBEN VERWANDELN, Seite 256

Elizabeth M., San Diego, Kalifornien
VERSTEHEN, WAS DANKBARKEIT EIGENTLICH
IST, Seite 277

Yana F., Baltimore, Maryland
DIE DREISSIGTAUSEND-DOLLAR-AFFIRMATION,
Seite 227

Jenny L., Detroit, Michigan
AM TALGRUND, Seite 254

Jason H., Livonia, Michigan
ICH HATTE ZU GLAUBEN AUFGEHÖRT, BIS ...,
Seite 51

Marta H., Ocean Springs, Mississippi
POPEYE, Seite 25

Ryan R., Las Vegas, Nevada
RINGEN MIT DEM GEHEIMNIS, Seite 293

Heather M., Buffalo, New York
EIN NEUES HAUS UND EIN BABY, Seite 73

Kate, Long Island, New York
WIE KOMMT MAN ZUM GLAUBEN?, Seite 210

Hannah, New York, New York
DAS SCHÖNSTE JAHR MEINES LEBENS, Seite 64

Maria N., New York, New York
MEIN BUCH WIRD VERLEGT!, Seite 216

Ronnie R., New York, New York
DAS LEBEN IN EINEM GÜNSTIGEREN LICHT
SEHEN, Seite 85

Carol S., Syracuse, New York
EIN WECKRUF, Seite 164

Jeff Z., Dayton, Ohio
WÜNSCHE, UND ES WIRD GESCHEHEN, Seite 14

Franci K., Doylestown, Pennsylvania
KYLES HERZ, Seite 189

Das Jahr mit „The Secret" – 365 Übungen und Inspirationen für jeden Tag

384 Seiten. ISBN 978-3-442-34158-0
Auch als E-Book erhältlich

In diesem Praxisbuch begleitet Rhonda Byrne mit Weisheiten, Lehren und Einsichten durch das Jahr. So lernen wir in Harmonie mit den Gesetzen zu leben, die unser Sein bestimmen, und werden zum Schöpfer des Lebens, von dem wir schon immer geträumt haben. Auf der machtvollen Wahrheit von »The Secret« aufbauend wird sich das Wissen über das Gesetz der Anziehung in einem Ausmaß vertiefen, wie wir es uns jetzt noch nicht vorstellen können. Mehr Freude, Fülle und Großartigkeit – an jedem einzelnen Tag des Jahres.

arkana

Entdecke das Geheimnis!

240 Seiten. ISBN 978-3-442-33790-3
Auch als Hörbuch und E-Book erhältlich

Rhonda Byrne verrät die grundlegenden
Erkenntnisse der großen Weisheitslehrer.
Auf diese Weise können Sie Ihr Leben
so erschaffen, wie Sie es haben wollen. Mit
»The Secret« halten Sie den Schlüssel da-
zu in der Hand.

arkana

Lebendige Inszenierung mit 26 verschiedenen Sprechern und suggestiver Musik

Laufzeit: 4 Std. 50 Min. ISBN 978-3-442-33933-4
Auch als E-Book erhältlich

In diesem Hörbuch geht die Botschaft von „The Secret" buchstäblich unter die Haut. Sie werden das Geheimnis kennenlernen und erfahren, wie Sie alles haben, sein oder tun können, was Sie wollen. Sie werden auch erfahren, wer Sie wirklich sind. Und Sie werden erfahren, welche Herrlichkeit Sie im Leben erwartet.

arkana
AUDIO